{redação e edição de textos

para enem, vestibulares, concursos e cotidiano profissional

Dados Internacionais de Catalogação na Publicação (CIP)
(Jeane Passos de Souza – CRB 8ª/6189)

Pessoa, Marília
Redação e edição de textos para Enem, vestibulares, concursos e cotidiano profissional / Marília Pessoa, Raquel Bahiense F. de Castro. – São Paulo: Editora Senac São Paulo, 2016.

Bibliografia.
ISBN 978-85-396-0912-3

1. Redação : Língua portuguesa I. Castro, Raquel Bahiense F. de. II. Título.

15-356s   CDD – 469.81
                                 BISAC LAN001000
                                       LAN005000
                                       LAN007000

Índice para catálogo sistemático:

1. Redação : Língua Portuguesa   469.81

MARÍLIA PESSOA
RAQUEL BAHIENSE F. DE CASTRO

{ redação
 e edição
de textos
para enem,
vestibulares,
concursos e
cotidiano
profissional

EDITORA SENAC SÃO PAULO – SÃO PAULO – 2016

Administração Regional do Senac no Estado de São Paulo
Presidente do Conselho Regional: Abram Szajman
Diretor do Departamento Regional: Luiz Francisco de A. Salgado
Superintendente Universitário e de Desenvolvimento: Luiz Carlos Dourado

Editora Senac São Paulo

Conselho Editorial: Luiz Francisco de A. Salgado
Luiz Carlos Dourado
Darcio Sayad Maia
Lucila Mara Sbrana Sciotti
Luís Américo Tousi Botelho

Gerente/Publisher: Luís Américo Tousi Botelho
Coordenação Editorial: Ricardo Diana
Prospecção: Dolores Crisci Manzano
Administrativo: Verônica Pirani de Oliveira
Comercial: Aldair Novais Pereira

Edição e Preparação de Texto: Luiz Guasco
Revisão de Texto: Heloisa Hernandez (coord.), Karinna A. C. Taddeo
Projeto Gráfico, Capa e Editoração Eletrônica: Antonio Carlos De Angelis
Ilustração da Capa: iStockphoto
Coordenação de E-books: Rodolfo Santana
Impressão e Acabamento: Visão Gráfica

Proibida a reprodução sem autorização expressa.
Todos os direitos desta edição reservados à
Editora Senac São Paulo
Av. Engenheiro Eusébio Stevaux, 823 – Prédio Editora
Jurubatuba – CEP 04696-000 – São Paulo – SP
Tel. (11) 2187-4450
editora@sp.senac.br
https://www.editorasenacsp.com.br

© Editora Senac São Paulo, 2016

sumário

Nota do editor, 7

Introdução, 9

O peso da redação, 11
    Enem – decifra-me ou te devoro, 12
    Atenção ao comando, 25
    Outros concursos – semelhanças e diferenças, 38
    Escrever é preciso, 44

Domínio da língua portuguesa, 47
    Oralidade e coloquialismo, 48
    E agora... algumas normas da língua formal, 49

Uma questão de foco, 77
    Foco, 77
    Concisão, 79
    Objetividade com criatividade, 88

Consistência e coerência, 91
    Seleção, organização e relação entre conteúdos, 91
    Coerência e pertinência, 93
    Paralelismo sintático, 96
    Verbos: correlação de tempos e modos, 106
    Uma palavra final, 125

Construção dos argumentos, 127
  Coesão textual, 128
  Estruturação dos parágrafos, 144
  A lógica do texto, 148

O posicionamento do autor, 151
  Com a palavra, o candidato, 151
  Boas práticas em sua caminhada, 157

Edição de texto e redação profissional, 161
  O trabalho de edição, 164
  Gráficos: ferramentas de comunicação, 169
  Recomendações finais, 176

Bibliografia, 181

Nota do editor

Escrever de maneira inteligível e saber observar regras gramaticais são habilidades bastante requeridas tanto no universo estudantil como no profissional.

No que se refere a redações, as provas do Enem inauguraram a exigência de que o texto demonstre que o candidato tem desenvolvidas várias competências: domínio da língua portuguesa escrita, adequação ao tema e ao tipo textual, argumentação e coerência lógica, coesão textual e proposta de intervenção.

Redação e edição de textos: para Enem, vestibulares, concursos e cotidiano profissional, publicação do Senac São Paulo, é um livro de fácil consulta, que apresenta e discute não só esses itens como, também, explica vários tópicos gramaticais ainda hoje um tanto espinhosos para muitos candidatos em provas de vestibulares e concursos públicos.

Dirigido a todos que precisam e desejam melhorar a qualidade de textos produzidos tanto para finalidade escolar como para a comunicação profissional, esta obra certamente será de consulta frequente para dirimir eventuais dúvidas surgidas diante de uma demanda de redação e para prevenir deslizes em que, muitas vezes, estamos sujeitos a incorrer.

introdução

Este livro não é uma gramática nem um manual de redação e estilo.

Sua proposta é ser um guia para estudantes, profissionais e cidadãos de diferentes níveis de formação escolar regular que buscam nos exames de seleção, nos concursos públicos e também no cotidiano de trabalho uma oportunidade de progredir pessoal e profissionalmente, e de aprimorar sua comunicação escrita.

Nos processos de certificação ou qualificação para benefícios e bolsas de estudos, a nota da redação é a que tem maior peso. No plano pessoal e profissional, com a disseminação e o domínio dos meios eletrônicos nas relações empresariais e individuais, a comunicação escrita tornou-se uma ferramenta imprescindível para qualquer pessoa e um recurso, às vezes cruel, de avaliação por parte de quem recebe informações e mensagens.

A comunicação escrita ainda amedronta, desclassifica e prejudica um imenso contingente de cidadãos brasileiros. E se pensarmos que, de um modo geral, escrever bem, teoricamente, é mais fácil do que falar bem, essa situação torna-se ainda mais surpreendente.

Quando escrevemos – fora, é claro, das tensas situações de provas ou exames – temos a oportunidade de reler o que foi escrito, buscar uma palavra no dicionário, fazer uma pesquisa rápida na internet, aprofundar ou aprimorar os argumentos. Entretanto, não costumamos valorizar ou mesmo utilizar esses recursos. Não temos, infelizmente, o hábito da revisão ou da edição do texto final – em muitos ambientes escolares, universitários e mesmo profissionais ainda não existe a cultura da revisão do texto. E talvez essa falta seja consequência direta de uma outra ainda mais grave: a de leitura.

O hábito de ler nos leva a outros, como o de ler o próprio texto.

É isso que queremos despertar com este livro. A visão mais crítica e analítica de textos de qualquer natureza, desses que encontramos ao acaso em nosso cotidiano: jornais, cartazes, avisos, editais... A partir do treino para uma leitura mais atenta e da apreensão dos conteúdos e das explicações das exigências do padrão formal de nossa língua, podemos avançar com mais segurança na nossa própria escrita.

Os conteúdos de gramática e estilo, suscitados pela análise e edição de trechos e textos tirados de jornais de grande circulação nacional, estão organizados a partir das cinco competências exigidas pelo Exame Nacional do Ensino Médio (Enem), a grande referência para estudantes que pretendem entrar para uma universidade ou obter a certificação de nível médio.

o peso da redação

Redigir nem sempre é uma atividade fácil. Muitos estudantes e profissionais assumem que diante de um papel em branco ou de uma tela vazia experimentam alguma insegurança, bloqueio ou qualquer outra forma de desconforto. É natural. Até mesmo escritores consagrados ou cronistas calejados confessam alguma hesitação. Como se não só a folha, mas também a cabeça estivesse vazia. Mas escrever é preciso, e o jeito é começar. Depois da tecnologia digital, todos nós, em qualquer cargo e posição hierárquica, não importando o grau de maturidade ou nível de conhecimento, vivemos em nosso cotidiano a necessidade de produzir textos para nos relacionar, pessoal, social e profissionalmente. Por isso, a redação tem tanto peso nos concursos, nos exames de seleção e no ambiente de trabalho.

Os resultados do Enem 2014 revelaram uma enorme dificuldade na área de redação por parte da maioria dos candidatos. Além das críticas imediatas e das reclamações de praxe, fica a pergunta um tanto aturdida da sociedade aos professores e educadores: o que fazer? Como transmitir os conteúdos básicos da língua e facilitar a compreensão dos mecanismos fundamentais de uma boa escrita? Como trabalhar a capacidade de articular ideias e a clareza de expressão? Como incentivar o hábito da leitura?

Enem – decifra-me ou te devoro

Antes de entrar nessas questões mais abrangentes e polêmicas, seria bom tentar entender por que o Enem se tornou um exame tão concorrido, com cerca de 9 milhões de inscritos em 2014 e 5,9 milhões de redações corrigidas.

A análise do Enem aponta para uma realidade que vai muito além daquela das salas de aula. É importante considerar o universo social e cultural dos milhões de candidatos que hoje buscam nesse exame um caminho de mobilidade social e ascensão profissional. Essa reflexão, por sua vez, aumenta a responsabilidade de todos os envolvidos na preparação de candidatos, não só dos professores de escolas regulares e cursos preparatórios.

Criado em 1998 como recurso de diagnóstico da qualidade do ensino médio no país, o Enem conquistou em 2009 a prerrogativa de selecionar os candidatos a diversos cursos superiores de faculdades e universidades federais. Atualmente, a maioria das instituições federais integra o chamado Sistema de Seleção Unificada (Sisu), que usa a nota do exame como única fase de seu processo seletivo. Outras universidades e faculdades a utilizam como parte de seus vestibulares. Além de integrar o processo seletivo para ingresso na universidade, o exame é etapa obrigatória para a concessão de bolsas de estudo parciais em universidades particulares, bolsas de intercâmbio no exterior e financiamento estudantil. Essa diversidade de propósitos, claro, se reflete no perfil e no desempenho dos candidatos, o que em tese não é ruim nem prejudica ninguém, já que a seleção é individual e os estudantes competem em áreas específicas.

Em maio de 2012, porém, o Ministério da Educação conferiu ao Enem uma nova e importante função: a de certificação de conclusão do ensino médio e declaração parcial de proficiência para o participante que não tenha concluído o ensino médio em idade apropriada. Para isso é necessário que a pessoa tenha 18 anos completos até a data de realização do exame e que atinja, no mínimo, 450 pontos em cada uma das áreas de conhecimento do exame e 500 pontos na redação. A certificação deve ser solicitada no momento da inscrição no Enem e, atendidos os requisitos, o documento será emitido por uma instituição certificadora.

Considerando que esse documento é indispensável para a certificação profissional de nível técnico, fica claro que o Enem extrapolou há muito sua função mais conhecida de acesso à universidade. Por isso, não há área educacional que possa ficar indiferente às exigências do Enem, às necessidades dos candidatos e às demandas por uma sociedade mais justa e mais competente.

REDAÇÃO – A NOTA MAIS VALIOSA

No Enem, a redação vale mil pontos. Dependendo da carreira escolhida e dos critérios determinados pelas instituições nas quais o candidato pleiteia uma vaga, essa nota pode corresponder à metade do valor total da média final. Muito, não é? E por que se atribui um valor tão grande à comunicação escrita no universo de todas as áreas de conhecimento avaliadas pelo Enem?

Os resultados da prova de redação Enem 2014

A correção dos 5,9 milhões de redações da prova, realizada em novembro de 2014 e divulgada em janeiro de 2015, revela a seguinte estatística:

» Somente 250 candidatos alcançaram a nota máxima – mil pontos.
» 529,3 mil tiraram nota zero, o que corresponde a 8,5% do total.
» 217,3 mil fugiram do tema.
» 13 mil copiaram o texto motivador (paráfrase).
» 7,8 mil escreveram menos de oito linhas.
» 3,3 mil incluíram alguma parte desconectada do texto principal.
» 955 ofenderam os direitos humanos.

Uma redação pode revelar não só o nível de conhecimento da língua formal, como também a clareza de raciocínio, o repertório linguístico de seu autor, seus conhecimentos gerais e sua capacidade de articular os fatos e argumentos defendidos. Por isso, ao produzir um texto o autor lança mão, mesmo que não tenha consciência disso, de toda a bagagem de conhecimentos construída ao longo de sua escolaridade, da experiência de vida fora da escola, da leitura de livros e jornais e de sua capacidade para interpretar o mundo em que vivemos. E, no Enem, a redação é usada para avaliar justamente as competências diversas que englobam todos esses aspectos.

COMPETÊNCIAS, TEMAS E CRITÉRIOS DE CORREÇÃO

Com a continuidade do Enem, a ampliação de seu alcance e sua validação como exame de seleção e certificação, não só as universidades, como também escolas de ensino médio do país e outros concursos, de alguma maneira, assimilaram as exigências de habilidades e os critérios utilizados por esse exame para avaliá-las. A explicação para isso – tão simples – já convence: clareza textual, por exemplo, é uma exigência de qualquer texto; ou seja, precisamos ser claros numa mensagem eletrônica, num relatório, numa redação para um concurso ou na própria redação do Enem.

As competências norteiam não só os candidatos da prova do Enem como a própria banca. Isso, aliás, em qualquer concurso. Sem regras, sem orientações, sem instruções, cada um redigiria o que quisesse e o outro corrigiria de acordo com sua diretriz. Já pensou que maluquice, e como o candidato seria prejudicado? Sem falar que as injustiças seriam muitas.

Em nenhum momento a redação de um concurso objetiva arruinar ou reprovar o candidato. Em palavras simples: a redação tem o propósito de selecionar, de avaliar a capacidade de argumentação e coesão de raciocínio do candidato. Para tal, lá estão as regras nos respectivos editais.

AS CINCO COMPETÊNCIAS

Quanto mais você conhecer e entender as competências exigidas, melhor para a sua vida pessoal e profissional. Você já conversou com alguém que dá voltas e mais voltas, até que ele próprio se perde? Cadê a clareza? Ou com outro que queria dizer algo, mas acaba dizendo outra coisa totalmente diferente? Onde está a clareza? Ou já leu algum relatório que é necessário reler umas duas ou três vezes para se obter sua total compreensão? Pois é! Para minimizarmos os erros tão encontrados nos textos e – se for o caso – na eventualidade de você fazer o Enem ou outro concurso, vamos explicar as regras básicas do que pode ser considerado um bom texto.

> É bom relembrar que cada competência vale duzentos pontos, o que perfaz mil no total.
>
> Os erros são classificados em variações que vão de N0 a N5.

Primeira regra: demonstrar domínio da língua portuguesa escrita

O domínio dessa competência revela a capacidade de construir um texto observando o registro formal da língua portuguesa, em seus diferentes aspectos. Dessa forma, serão descontados pontos por erros de acentuação, pontuação, ortografia, notações léxicas (emprego do til, apóstrofo, trema, etc.), translineação (divisão silábica na mudança de linha), flexão nominal e verbal, concordância nominal e verbal, colocação nominal, regência nominal e verbal; rasuras; falta de legibilidade (a letra pode ser bonita ou feia – mas precisa ser legível); problemas na margem lateral (nada de "caminhos de rato"); uso incorreto de maiúsculas e minúsculas (ou caixa-alta e caixa-baixa); repetição ou omissão acidental de palavras; traços de oralidade e emprego de coloquialismos e gírias. A contagem ou correção levará em conta a quantidade de desvios (erros) cometidos.

Esses desvios são classificados em variações que vão de N0 a N5, ou seja, N0 significa que o candidato apresenta "texto com sérios problemas na articulação dos argumentos, em decorrência do desconhecimento da estrutura sintática, da pontuação, das convenções ortográficas e do registro adequado ao gênero" – e isso é grave, você não acha? É tão grave que recebe a nota zero nesta competência, que vale duzentos pontos. Mas, em compensação, recebe nota máxima (N5) o "texto sem desvios ou com raros desvios (até dois desvios)".

Segunda regra: adequação ao tema e ao tipo textual

Podemos subdividir tal habilidade em quatro quesitos: foco temático; senso comum; adequação tipológica e paráfrase. A correção vai considerar, portanto, se houve fuga ao tema proposto (desvio do foco temático); se o candidato ficou restrito ao senso comum (clichês); se a tipologia pedida foi observada. Inadequação tipológica ocorre quando se pede uma dissertação e o candidato narra ou descreve uma situação. Já a paráfrase se configura como praticamente uma repetição dos textos motivadores, da forma ou da ideia.

Portanto, na avaliação dessa competência será observado se a redação traz informações sólidas, consistentes, de autoria evidente do candidato, e se obedece às regras de uma dissertação argumentativa (dentre algumas, a exigência de expressar opinião ao desenvolver o tema). Os desvios nessa competência são abordagem superficial do tema, argumentação frágil ou texto previsível.

Terceira regra: argumentação e coerência lógica

Essa competência diz respeito à seleção, relação, organização e interpretação de fatos, opiniões e argumentos para defender um ponto de vista. Um aspecto importante é a coerência, que requer uma conexão entre as ideias e também entre as palavras e frases. A banca terá um olhar aguçado para os casos de uma argumentação inválida ou extrema, descontextualizada ou incompleta.

Outros desvios são a falta de relação entre os conectores (preposições, conjunções, etc.); o uso de expressões clichês; as citações vagas ou incorretas, as fugas parciais do tema; as ideias confusas ou incompletas, consideradas desvios, assim como o emprego de palavras inadequadas (gírias, palavrões); as redundâncias e o truísmo (isto é, tudo que é óbvio). Portanto, serão descontados todos os argumentos incoerentes e as informações inválidas. Para evitar esses desvios é preciso defender um ponto de vista e relacioná-lo com o restante do texto. A argumentação precisa de autoria, de consistência e de pertinência ao tema.

Quarta regra: coesão textual

Essa competência refere-se à verificação de ocorrência de ambiguidades; à ordenação correta das palavras; à paragrafação correta (início, meio e fim); à conexão de sentido entre as partes; à estruturação e ao uso adequado de complementos e conectores. A correção irá avaliar se há um trecho mal estruturado; se faltam sujeito ou complementos; e também a repetição ou a falta de palavras (olha a importância da leitura). Pontos serão descontados, portanto, quando houver informações desconexas, articulação pobre de ideias e falhas nos recursos coesivos (preposições e/ou conjunções mal-empregadas que prejudicam o sentido no texto).

Quinta regra: proposta de intervenção

Essa competência é aquela que se relaciona diretamente com a autoria, extremamente importante, uma vez que na redação do Enem são obrigatórias propostas de solução para o problema apresentado que respeitem os direitos humanos e a diversidade sociocultural do país. Tal intervenção (ou tais) pode ser definida e defendida ao longo do texto; todavia, o melhor é deixá-la bem explícita no parágrafo de conclusão. Portanto, atente para soluções vagas, imprecisas, não articuladas, extremas, desrespeitosas e incompletas que levam o candidato a perder pontos.

Pois é! Essas exigências e esses critérios de seleção e correção podem fazer o candidato, a princípio, sentir-se exigido em excesso e imaginar que não será capaz de dar conta de tanto rigor; porém, a grade de correção é justa e dá mais segurança ao candidato, pois cada competência vale duzentos pontos.

É fundamental o treino. Somente escrevendo, lendo e analisando textos escritos por profissionais e autores consagrados se aprende a escrever. Parece tolice, mas acredite: é fato. Se você não treinar, vai ficar somente na teoria e achando que elaborar um texto com tantas regras é difícil. E não é! Treine...treine...treine.

Dica

Quando você pega um jornal ou uma revista e vai direto ao que interessa – seja o resultado do futebol, seja o horário do show, seja a resenha de algum filme, sejam as notícias nacionais e internacionais –, em vez de colocar a publicação de lado após compreender a informação, volte ao texto, com mais calma. Releia-o prestando atenção não mais ao fato, e sim à forma. Se possível, reescreva o que leu com a sua visão.
É uma técnica muito recomendada.

A SURPRESA DE ALGUNS TEMAS

A redação do Enem vem sofrendo modificações desde o seu surgimento. São naturais, até porque o objetivo é se atingir a excelência, ou seja, que a testagem seja justa, fiel às competências já analisadas.

A princípio os temas eram vagos, imprecisos. E com o tempo foram se tornando mais complexos, interessantes; difíceis para uns, fáceis para outros; mas o que importa (e esse é o objetivo da banca) é que a redação seja um espaço para o candidato demonstrar sua capacidade de argumentação e lógica textual.

Durante todos esses anos, alguns colégios, cursos preparatórios e mesmo alguns professores, lamentavelmente, vêm tentando "adivinhar" o tema.

Como a base do comando é a informação, fica fácil (para alguns) e antiético (para outros) se manifestarem a respeito. Cabe ao professor permanecer atento ao que acontece no Brasil (claro!), como também sugerir ou mesmo trabalhar em sala temas atuais tratados pela mídia e de interesse da sociedade, tanto por meio de debates como pela elaboração de textos. Já vender fórmulas mágicas a candidatos é outra coisa, muito diferente do que propomos aqui. Por isso, fique atento: há quem crie um modelo com os mesmos conectores, por exemplo, e as mesmas formas de abordagem, e ofereça tal produto como algo inovador e sério!

Segundo Paulo Freire, um dos maiores educadores do país, um professor precisa ter em mente que "ensinar não é transferir conhecimento, mas criar as possibilidades para a sua própria produção ou a sua construção". Um professor de redação, então, nem se fala!

Para diminuir a produção de inúmeras redações previsíveis, intangíveis, vagas, memorizadas pelos candidatos, em 2013 o Instituto Nacional de Estudos e Pesquisas Educacionais Anísio Teixeira (Inep), instituição responsável pela organização e correção do Enem, surpreendeu a todos com o tema "Efeitos da implantação da Lei Seca no Brasil". Apesar de atual, a maioria dos candidatos não pensou nessa possibilidade, não leu ou tinha conhecimentos vagos sobre o assunto (alguns nem dirigiam ainda), e houve uma queda nas notas.

No exame de 2014, vários temas surgiram na internet, nos papos de corredores, entre professores, alunos e colégios. A maioria apostou no óbvio por ter sido o ano da Copa do Mundo no Brasil ou pelos fatos noticiados na mídia, tais como:

» manifestações durante o Mundial;
» cinquenta anos do golpe militar;
» cobertura do Mundial pela mídia;
» o futebol como agente social;

- » legado do Mundial;
- » limites do humor nas redes sociais;
- » escassez de água;
- » e todo subtema ligado à eleição, já que a tivemos nesse ano.

Mas, para surpresa geral, o tema foi publicidade infantil! Um assunto que não havia sido cogitado por qualquer das publicações e dos sites que elaboram listas de temas possíveis, apesar de ter sido muito comentado no noticiário e também nas redes sociais, por conta da publicação, em abril de 2014, de uma resolução do Conselho Nacional dos Direitos da Criança e do Adolescente (Conanda) considerando abusiva a publicidade voltada para crianças e adolescentes.

Mais adiante, neste capítulo, vamos analisar o tema, os comandos e os textos motivadores da redação do Enem 2014.

Entretanto, independentemente de antever ou não o tema, as melhores escolas e cursos preparatórios do Brasil indicam a prática de uma redação por semana – no mínimo! Pesquise na internet quais os assuntos já explorados e/ou pense, reflita e redija sobre temas que podem ser escolhidos nos próximos concursos, tais como:

- » racismo;
- » o problema dos animais maltratados e abandonados no Brasil;
- » conscientização em relação ao consumo de água;
- » intolerância religiosa;
- » a questão das esmolas nas ruas do país;
- » falência do sistema prisional;
- » automedicação;
- » o papel político da mulher no século XXI;
- » redes sociais/direitos humanos;
- » o futebol como representante de uma sociedade;
- » problemas urbanos e sistemas modais;
- » consumo de álcool na adolescência;

- consumismo e ostentação;
- respeito aos idosos e deficientes;
- mobilidade urbana.

CONSIDERAÇÕES SOBRE A CORREÇÃO

O foco de correção do Enem (e de qualquer concurso) é o erro. A lógica é a da subtração, como ocorre nas competições de ginástica olímpica, por exemplo. Diferentemente de outros esportes, com os competidores vencendo dificuldades e conquistando pontos, os ginastas vão perdendo décimos ou milésimos em sua pontuação final. Perverso? Não. O pressuposto é que eles são estrelas, campeões; entram na competição com dez pontos e devem se esforçar para conservá-los. No Enem, os candidatos também iniciam a prova com a possibilidade de manter a nota mil. É preciso atenção para não perder essa chance.

Cada redação é corrigida por dois profissionais, via web, o que significa que o texto é digitalizado (vale pensar na importância da letra e na observação das margens). Caso haja discrepância de notas (e a porcentagem varia de concurso para concurso), um terceiro avaliador analisa e julga o caso. O candidato recebe sua nota; todavia, é bom ressaltar que no Enem inexiste pedido de revisão, o que o diferencia de outros concursos. Como o número de inscritos é crescente, seria impensável, impraticável, atender às solicitações de revisão. Daí a importância da grade de correção, isto é, dos duzentos pontos para cada competência. Se o candidato se mantiver atento para o que pode ou não fazer, para a quantidade de desvios permitidos, a probabilidade de uma nota alta é grande. Certamente você já ouviu que Fulano entrou na justiça e conseguiu até alteração de nota nessa parte discursiva. Não acredite em boatos. Raras, raríssimas pessoas conseguiram tal feito. Todos eram casos particularíssimos; portanto, não confie nisso. E trate de entender os critérios de correção para assegurar uma boa nota.

De acordo com os critérios de correção adotados para a prova do Enem, a redação receberá nota zero se apresentar uma das características a seguir:

- fuga total ao tema;
- não obediência à estrutura dissertativo-argumentativa;
- texto com até sete linhas;
- impropérios, desenhos e outras formas propositais de anulação ou parte do texto deliberadamente desconectada do tema proposto;
- desrespeito aos direitos humanos;
- folha de redação em branco, mesmo que haja texto escrito na folha de rascunho.

Dicas de quem se preparou para o exame

Para facilitar a compreensão dessas exigências, fomos ouvir alunos da terceira série do ensino médio de uma escola do Rio de Janeiro. Depois de debater o tema e trocar suas experiências na preparação para esse concurso de ingresso na universidade, eles sistematizaram as dicas que consideram mais importantes. Vale a pena ler e refletir sobre cada uma delas.

- Os títulos devem ser inovadores, ousados, mas coerentes com a sua redação.
- Mesmo não sendo obrigatório, um título criativo é a primeira oportunidade para despertar o interesse do leitor/da banca. Não há necessidade de empregar artigos definidos ou indefinidos. É igual aos títulos dos jornais.
- Antes de começar seu texto, planeje. Pense. Elabore. Priorize suas melhores ideias.
- Fazer rascunho é fundamental para a sua organização de ideias.
- Evite, ao máximo, os erros gramaticais. Errar quanto ao emprego da norma-padrão significa perder pontos. E nada de gírias!
- Empregue os conectivos apropriados.
- Atenção à repetição do "que" e ao uso abusivo dos gerúndios.

- » Faça conexões com outras disciplinas para que haja mais riqueza no texto. Essa contextualização aumenta a originalidade/autoria e desperta a curiosidade. Estabeleça elos entre as partes. Aborde assuntos da atualidade.
- » Quando possível, fuja do senso comum, visto que ninguém gosta de ler um texto já adivinhando seu final.
- » Lembre-se: a redação não pode ser previsível!
- » As propostas de intervenção devem ser viáveis; não podem ser clichês. Não use a palavra "conscientizar". É vaga! Lembre-se de que as propostas de intervenção devem respeitar os direitos humanos e ter um cunho social.
- » Intervenção é o nome dado às propostas e sugestões feitas, em geral, no último parágrafo.
- » Elas não podem ser ideias vagas como "a população deve se conscientizar..." – perda certa de pontos! Nenhuma proposta pode ferir o estatuto dos direitos humanos e muito menos a legislação do país. Por exemplo, no Brasil não há pena de morte, portanto ela não pode ser sugerida ou discutida na redação. O Enem privilegia os aspectos sociais das questões.
- » Para não errar, dê uma olhada no estatuto dos direitos humanos antes da prova. Vai ajudar muito.
- » A base de um bom texto é sua capacidade de transmitir a ideia de começo, meio e fim de um raciocínio. Sem uma dessas partes, a linha de pensamento não é completa e o corpo do texto é prejudicado.
- » A versatilidade vocabular, mesmo baixa, deve estar presente. A repetição de palavras ou expressões torna a leitura cansativa. Cultura e conhecimento são refletidos na escolha dos vocábulos.
- » A autoria do texto é essencial e deve manifestar-se de acordo com os padrões demandados pelo comando.
- » O texto deve ser original.

- » Não repita qualquer informação dada nos textos motivadores. Não use jargões e lugares-comuns. A contribuição pessoal é considerada a autoria.
- » O comando explica o que se espera do candidato. Preste atenção aos verbos (analisar, comparar, demonstrar, exemplificar, etc.), pois eles são o norte da resolução de cada questão.
- » Inclua seu conhecimento de mundo, ou seja, sua cultura geral.
- » Valem nesse quesito informações de filmes, peças teatrais, notícias de jornal, observações de viagens, crônicas e até mesmo uma boa conversa com pais e amigos.
- » Se souber, cite estatísticas ou encaixe alguma citação bacana. Valem poemas, letra de música. Só não vale inventar.
- » Não crie informações falsas.
- » O ideal é sempre indicar a fonte de suas informações.
- » Verbos como fazer, achar, dizer, ser, dar, colocar não são bem-vindos, por serem amplos em excesso.
- » Seja sutil nas críticas. Não radicalize.
- » Evite ser vago, subjetivo.
- » Argumente com objetividade. Dê exemplos.
- » Deixe evidente sua opinião; quer dizer, se você é contra ou a favor do que está expresso no enunciado do tema da redação.
- » Mas nunca particularize. Não se inclua.
- » Trabalhe coesão e coerência textual. Boas ideias não servem de nada se não forem encadeadas.
- » Jamais ultrapasse o número exigido de linhas.
- » Faça uma média de linhas para todos os parágrafos: não adianta uma introdução ter sete e a conclusão, quatro, por exemplo. Além da discrepância de conteúdo, visualmente não é adequado.
- » Períodos longos e mal pontuados geram pensamento confuso.
- » Sua letra tem de ser legível, uma vez que representa um convite à leitura de sua redação, que será digitalizada.

Conhecidas as cinco competências e assimiladas as dicas para uma boa redação, vamos analisar os critérios de correção e a importância dos comandos, demonstrando como essas competências podem ser identificadas em redações feitas por alunos do ensino médio, em diferentes ocasiões.

Atenção ao comando

Leia o tema da segunda edição do Enem 2012. Essa edição foi aplicada nas instituições socioeducativas, nos presídios e também para alunos especiais.

Você pode se perguntar: por que um tema de 2012? E de uma segunda edição?

Porque ela tem a mesma estrutura da primeira edição, com o mesmo número de questões, grau de dificuldade e tempo de prova. E também porque os temas e a estrutura são recorrentes, o que significa que em um ano um tema cai na Universidade Estadual do Rio de Janeiro (UERJ) – por exemplo – e, no ano seguinte, pode cair no Enem com outra roupagem. Faz parte! E exige-se, na maioria dos concursos, uma dissertação, quer dizer, a sua opinião a respeito de algum assunto. Portanto concursos (alguns exigem a redação como requisito classificatório e eliminatório) e afins demandam redações dissertativas.

O comando da redação é o primeiro e vital passo para você ser aprovado. Caso o candidato não entenda o tema e fuja ao proposto, leva um zero! Já pensou, ser eliminado porque não prestou a devida atenção? Porque estava ansioso e com pressa de acabar logo a leitura? Pois então, esse primeiro movimento é básico. Sem ele, nada feito. Dentro desse comando existem os textos motivadores; aqueles que servem para inspirar, nortear o raciocínio de quem faz a prova!

PROPOSTA DE REDAÇÃO

A partir da leitura dos textos motivadores seguintes e com base nos conhecimentos construídos ao longo de sua formação, redija texto dissertativo-argumentativo em norma padrão da língua portuguesa sobre o tema **O GRUPO FORTALECE O INDIVÍDUO?** Apresente proposta de intervenção que respeite os direitos humanos. Selecione, organize e relacione, de forma coerente e coesa, argumentos e fatos para defesa de seu ponto de vista.

Nasce um grande movimento

A Associação dos Funcionários de Bancos de São Paulo teve seu estatuto aprovado em 16 de abril de 1923, em assembleia da qual participaram 84 bancários. A preocupação inicial era credenciar os bancários à entidade e criar uma identidade da categoria, até então integrada aos comerciários. Menos de 10 anos depois aconteceu a primeira greve de bancários da história, iniciada em Santos, em 18 de abril de 1932. Eram os funcionários do Banespa que reivindicavam melhorias salariais e das condições sanitárias — havia grande incidência de tuberculose à época. Essa greve foi vitoriosa; entretanto, a conquista que marcou a década de 30 foi a redução da jornada de trabalho para seis horas, em novembro de 1933. A Associação passou a chamar-se Sindicato dos Bancários de São Paulo.

Disponível em: www.spbancarios.com.br. Acesso em: 19 jul. 2012.

Corinthians Campeão da Libertadores — Jorge Henrique: 'O grupo é maravilhoso'

Contendo as lágrimas após o término da final da Libertadores, Jorge Henrique falou primeiro sobre a Fiel. "Eu sei que essa nação me ama pelo que faço em campo", disse o atacante emocionado.

Mostrando a união, o camisa 23 elogiou a equipe. "O grupo é maravilhoso, humilde, não tem estrela. Fomos conquistando nosso espaço", disse o corinthiano.

Disponível em: www.mennel.com.br. Acesso em: 19 jul. 2012 (adaptado).

Marcha das vadias

A 2ª edição brasileira da Marcha das Vadias aconteceu simultaneamente em 14 cidades do país, entre elas São Paulo (SP), Florianópolis (SC), Rio de Janeiro (RJ), Belo Horizonte (MG), Brasília (DF), Recife (PE), Salvador (BA) e Natal (RN). Além de chamar a atenção aos diversos tipos de violência sofridos pelas mulheres — verbal, física ou sexual —, a mobilização pretende combater a responsabilização das vítimas pela violência sofrida e ressaltar os direitos do sexo feminino.

A manifestação é inspirada no movimento mundial intitulado "Slut Walk", criado em abril do ano passado, após um oficial da polícia de Toronto, no Canadá, dizer que, para evitar estupros, as mulheres deveriam deixar de se "vestir como vadias".

Disponível em: http://noticias.uol.com.br. Acesso em: 19 jul. 2012 (adaptado).

INSTRUÇÕES:
- O **rascunho** da redação deve ser feito no espaço apropriado.
- O **texto definitivo** deve ser escrito **à tinta**, na **folha própria**, em até **30 linhas**.
- A redação com até 7 (sete) linhas escritas será considerada "insuficiente" e receberá nota zero.
- A redação que fugir ao tema ou que não atender ao **tipo dissertativo-argumentativo** receberá nota zero.
- A redação que apresentar proposta de intervenção que desrespeite os direitos humanos receberá nota zero.
- A redação que apresentar cópia dos textos da Proposta de Redação ou do Caderno de Questões terá o número de linhas copiadas desconsiderado para efeito de correção.

Dissertação

Antes de darmos início à análise do comando, é bom lembrar que são dois os tipos de dissertação exigidos pelas respectivas bancas:

» **Dissertação argumentativa:** o ponto de vista do autor, baseado em argumentos sólidos, deve ser o mais claro possível. Posicionar-se é fundamental. Você pode até levantar pontos positivos e negativos, mas deverá tomar uma posição: ou contra ou a favor do que foi enunciado no tema. Nesse caso, a intervenção (como vimos, geralmente no último parágrafo) é imprescindível. Propor, sugerir soluções, é ponto de destaque para o Enem!

» **Dissertação expositiva:** a menos usual. Dificilmente se pede uma dissertação expositiva ao candidato, por uma única razão: não há necessidade de convencer o leitor/a banca. É meramente, como o próprio nome indica, uma exposição dos fatos. Não há debate. Não há propostas, muito menos alguma visão social.

Na prova apresentada há três textos. O primeiro é uma notícia retirada do site do Sindicato dos Bancários e Financiários de São Paulo (www.spbancarios.com.br) sobre a criação do sindicato dos bancários e a redução da jornada de trabalho.

O segundo, também uma notícia, aponta para a força decorrente da união dos jogadores e da equipe técnica, quando o Corinthians ganhou a Taça Libertadores.

O terceiro aborda a "Marcha das vadias", movimento que ocorreu, naquele ano de 2012, simultaneamente em catorze cidades brasileiras.

O que há de comum entre os textos? Pensou? Volte a eles. Sim! Os três tratam de como o grupo fortalece o indivíduo. A força que qualquer grupo tem: seja numa greve, seja num campeonato de futebol, seja numa marcha reivindicatória; logo, em qualquer situação.

E, ainda em relação ao comando, o que exatamente se espera do candidato?

Que ele se posicione contra ou a favor do que foi exigido, isto é, que apoie, defenda e argumente a favor, concordando que o grupo fortalece o indivíduo (cuidado! Não é o indivíduo que fortalece o grupo, correto? É exatamente o contrário), ou que ele negue, refute, recuse o tema (é um direito do candidato), ou seja, que discorde, mostrando – por meio de sua argumentação – que o grupo não fortalece o indivíduo.

Liberdade de expressão foi uma luta social nesse país, daí o livre-arbítrio de quem redige a redação. Você deve tomar a melhor posição para você, pois assim será mais fácil defender a ideia. E tudo depende de seus argumentos!

Vamos agora analisar alguns trechos das introduções de redações feitas sobre o mesmo tema por vestibulandos do ano de 2014 em uma escola do Rio de Janeiro. Os títulos, apesar de não obrigatórios na redação do Enem, são importantes para enriquecer e contextualizar o raciocínio. O tempo dado para a redação foi de uma hora, mesma média exigida no Enem. O nome dos alunos foi omitido para preservar sua privacidade.

> Protocooperação humanitária
> Cada indivíduo é um ser único – possui sua própria personalidade, história, anseios e ideais. Muitos defendem a essência presente em todo ser humano, seja por meio da crença em um espírito ou da formação pessoal. Como seres sociais, entretanto, o homem tem o privilégio de compartilhar e colaborar entre si. Surge, portanto, a individualidade coletiva: o que antes era incapaz de conquistar-se sozinho torna-se possível pela união de forças.

Esse candidato entendeu o comando? Perfeitamente! E a introdução deixa clara a opinião e postura de quem a escreveu: ela concorda que o grupo fortalece o indivíduo. Quanto mais claro o candidato consegue ser, melhor para ele.

Vamos analisar outra introdução:

> **Auxílio expansivo**
> Um nome em uma folha de papel ou um abaixo-assinado. Uma testemunha ocular ou um grupo de pessoas que presenciou um crime. Em necessidade, a escolha de qualquer indivíduo para ter sua ideia ou versão atestada priorizaria a segunda opção, com maior quantidade de vozes em prol do mesmo objetivo. O alcance de um ideal estende-se proporcionalmente ao contingente de mentes às quais ele é tomado como verdade, logo, quando um grupo organiza-se e expõe seus argumentos engrandece o antes tido como imaginário de uma só pessoa.

E aí? Ficou explícito o ponto de vista do candidato? Achamos que sim! Ele também concorda que o grupo fortalece o indivíduo, e vai defender esse ponto de vista por meio de seus argumentos.

Ambos defenderam seus pensamentos: um de maneira mais clara, outro de modo mais poético. Não importa o estilo; o primordial é deixar clara a sua opinião.

E mais uma, a terceira:

> **Juntos somos um só**
> Na era nômade o homem já sabia que dependia do convívio com os animais, com a terra, para sua sobrevivência. Em 2014, apesar das mudanças ocorridas no espaço, o individuo presisa de outros animais, outras terras, para enfrentar sua nova realidade e problemas.

Ai! Ai! Ai! Que pena! Mas esse candidato já começou com tantos erros... Você é capaz de listá-los? Vamos a eles:
» O que é uma "era" nômade? Vago, não? É necessário apontar os períodos históricos com precisão.
» O que animais e terra têm a ver com o tema? Nada, infelizmente.

» Parece haver um salto temporal imenso: o candidato talvez esteja se referindo à era pré-histórica (sem considerar que existem povos nômades mesmo nos dias de hoje), distante demais de 2014. Essa passagem temporal deveria ter sido trabalhada.
» Ficou sem nexo a tríade animais, terra, espaço.
» "Presisa", com "s", é tão triste... Faltou acentuar a palavra "individuo" também.
» E o pior: o candidato deixou clara sua posição? Se acha que o grupo tem força ou não? Não... não ficou claro.

Voltando às provas de concursos e seleção, vamos analisar o tema do Enem de 2011, a partir do comando transcrito abaixo:

> Com base na leitura dos textos motivadores seguintes e nos conhecimentos construídos ao longo de sua formação, redija texto dissertativo-argumentativo em norma padrão da língua portuguesa sobre o tema VIVER EM REDE NO SÉCULO XXI: OS LIMITES ENTRE O PÚBLICO E O PRIVADO, apresentando proposta de conscientização social que respeite os direitos humanos. Selecione, organize e relacione, de forma coerente e coesa, argumentos e fatos para defesa de seu ponto de vista.
>
> ### Liberdade sem fio
> A ONU acaba de declarar o acesso à rede um direito fundamental do ser humano – assim como saúde, moradia e educação. No mundo todo, pessoas começam a abrir seus sinais privados de wi-fi, organizações e governos se mobilizam para expandir a rede para espaços públicos e regiões onde ela ainda não chega, com acesso livre e gratuito.
> (Rosa, G. & Santos, P., *Galileu*, nº 240, jul. de 2011. Fragmento).
>
> ### A internet tem ouvidos e memória
> Uma pesquisa da consultoria Forrester Research revela que, nos Estados Unidos, a população já passou mais tempo conectada à internet do que

em frente à televisão. Os hábitos estão mudando. No Brasil, as pessoas já gastam cerca de 20% de seu tempo on-line em redes sociais. A grande maioria dos internautas (72%, de acordo com o Ibope Mídia) pretende criar, acessar e manter um perfil em rede. "Faz parte da própria socialização do indivíduo do século XXI estar numa rede social. Não estar equivale a não ter uma identidade ou um número de telefone no passado", acredita Alessandro Barbosa Lima, CEO da e.Life, empresa de monitoração e análise de mídias.

As redes sociais são ótimas para disseminar ideias, tornar alguém popular e também arruinar reputações. Um dos maiores desafios dos usuários de internet é saber ponderar o que se publica nela. Especialistas recomendam que não se deve publicar o que não se fala em público, pois a internet é um ambiente social e, ao contrário do que se pensa, a rede não acoberta anonimato, uma vez que mesmo quem se esconde atrás de um pseudônimo pode ser rastreado e identificado. Aqueles que, por impulso, se exaltam e cometem gafes podem pagar caro.

(Adaptado de: http://www.terra.com.br. Acesso em: 30-6-2011)

COMENTÁRIOS

O comando é claro e deve ser sempre lido com atenção. A orientação é que o candidato redija um texto dissertativo-argumentativo, baseado na leitura dos textos motivadores e alicerçado na sua formação (viagens, aulas, bagagem literária, conversas, etc.).

Em qualquer tema de redação o uso de dois-pontos é perigoso, pois não se tem o costume de ler e de analisar até o fim o enunciado. Em geral, depois dos dois-pontos vem uma explicação complementar, assim como um subtítulo, que oferece pistas ou informações sobre o que se quer efetivamente. Na pressa, achamos que entendemos... e nos precipitamos.

Releia o tema. Atente para os dois-pontos. O tema *não* é internet ou redes sociais no século XXI e, *sim*, o que deve ser de domínio público e o que deve ser privado na nossa vida em virtude da internet e sua influência neste século.

A proposta, de preferência no parágrafo de conclusão, obrigatoriamente deve respeitar os direitos humanos e ter como fundo a consciência social.

O que fazer e o que evitar

Dicas de professores de redação da 3ª série do ensino médio para você não perder pontos já na interpretação do comando, das regras que devem ser seguidas, do que é exigido pelas bancas:

- » Observe, antes de mais nada, o número de linhas determinado. Em princípio, essa informação está bem clara no comando; todavia, quando não for explícita, deve-se atentar para a folha oficial e observar o número de linhas.
- » Leia os textos motivadores, atente para o elo entre eles, e sublinhe os dados mais relevantes ao tema; porém, tome cuidado para não repetir nenhuma informação contida nesses textos. Analise-os criteriosamente. Muitas vezes, eles fornecem a base para toda a sua redação.
- » Releia o comando quantas vezes forem necessárias, grife as informações importantes para você e apenas inicie a sua redação depois de compreendê-lo na sua totalidade.
- » Jamais copie alguma informação desses textos, a não ser que seja uma imposição da banca – o que é raro.
- » A prova do Enem é basicamente uma prova de leitura. Para tal, leia tudo que lhe cair nas mãos!
- » Analise suas próprias ideias e verifique se elas têm relação com os textos e o comando. Mas atenção: é relação e não equivalência. É preciso trazer uma perspectiva nova, uma visão sua, particular, sobre o tema que está sendo discutido.

- » Na medida em que lê esses textos, você pode anotar, paralelamente, tudo o que sabe e/ou leu sobre o assunto, assim você vai construindo sua abordagem particular.
- » Caso se perca no meio do texto de apoio, volte ao início. O importante é não ter dúvidas!
- » Por mais que o tema lhe pareça difícil, que o comando lhe pareça confuso, você consegue sempre elaborar uma boa redação. Apenas explore o tema de maneira inteligente e diferente!
- » Não pule etapas. Os textos do comando não são colocados para enfeitar! Leia-os com calma e atenção. O objetivo é você formar sua própria opinião.

UM EXEMPLO HIPOTÉTICO DE CONSTRUÇÃO DO ARGUMENTO

Vamos tentar imaginar a construção de um argumento com uma abordagem nova.

O primeiro texto afirma que todas as pessoas têm direito de acessar a internet e que os governos têm procurado ampliar esse acesso. O segundo trata da mudança de hábitos sociais e alerta para o perigo do uso indiscriminado e inconsequente da rede (lembre-se de que você não pode reproduzir nenhum trecho nem ideia; o que estamos demonstrando é apenas o mecanismo de análise e organização do pensamento).

Na semana anterior ao Enem, você leu uma notícia no jornal contando que um cliente insatisfeito com a qualidade de um produto e do serviço prestado por uma loja postou em seu Facebook um texto altamente ofensivo à loja e que, por causa disso, está sendo processado pelo estabelecimento por prejuízo à imagem, injúria e difamação. Caiu a ficha? Viu como você pode escrever uma coisa inédita sobre o que os textos apresentaram?

Tudo bem? Mais ou menos. E a questão do público e do privado? Não se esqueça de falar sobre isso. Estabeleça o elo, não deixe de fazer as conexões. Boa sorte!

A REDAÇÃO DO ENEM 2014

Vimos os resultados lamentáveis da prova de redação da edição 2014 do Enem. E não somente desse ano, infelizmente! Para tentar entender melhor essa realidade, vamos analisar os textos motivadores e os comandos daquela prova de redação. Imagine que você é um candidato; então preste atenção às seguintes recomendações:

- » Leia a prova de redação. Atente para os comandos com cuidado. Não se precipite. Lembre-se: este primeiro passo é essencial. Leia até a última palavrinha. Vários zeram a prova de redação por não terem lido seu enunciado com calma. Inacreditável, não?
- » Acompanhe alguns detalhes que constam da prova (às vezes em corpo menor e ao final da folha) mas que a maioria não lê.
- » Escreva um texto com um mínimo de oito linhas (há variações).
- » Use caneta esferográfica com tinta preta.
- » Não transcreva, em sua redação, nenhuma citação, nem mesmo dos textos ou fragmentos contidos nas propostas da prova.
- » Não assine sua redação, mesmo que se proponha uma carta ou qualquer outro texto que requeira assinatura.
- » A distribuição de erros por competência pode sofrer variações de acordo com as causas e os efeitos dos erros listados.
- » A quinta competência (adequação da proposta de intervenção) é válida para textos dissertativos-argumentativos.
- » Cada linha não escrita (LNE) ou não compensada implicará o desconto de 50 pontos.

PROPOSTA DE REDAÇÃO

A partir da leitura dos textos motivadores seguintes e com base nos conhecimentos construídos ao longo de sua formação, redija texto dissertativo-argumentativo em norma padrão da língua portuguesa sobre o tema **Publicidade infantil em questão no Brasil**, apresentando proposta de intervenção, que respeite os direitos humanos. Selecione, organize e relacione, de forma coerente e coesa, argumentos e fatos para defesa de seu ponto de vista.

TEXTO I

A aprovação, em abril de 2014, de uma resolução que considera abusiva a publicidade infantil, emitida pelo Conselho Nacional de Direitos da Criança e do Adolescente (Conanda), deu início a um verdadeiro cabo de guerra envolvendo ONGs de defesa dos direitos das crianças e setores interessados na continuidade das propagandas dirigidas a esse público.

Elogiada por país, ativistas e entidades, a resolução estabelece como abusiva toda propaganda dirigida à criança que tem "a intenção de persuadi-la para o consumo de qualquer produto ou serviço" e que utilize aspectos como desenhos animados, bonecos, linguagem infantil, trilhas sonoras com temas infantis, oferta de prêmios, brindes ou artigos colecionáveis que tenham apelo às crianças.

Ainda há dúvidas, porém, sobre como será a aplicação prática da resolução. E associações de anunciantes, emissoras, revistas e de empresas de licenciamento e fabricantes de produtos infantis criticam a medida e dizem não reconhecer a legitimidade constitucional do Conanda para legislar sobre publicidade e para impor a resolução tanto às famílias quanto ao mercado publicitário. Além disso, defendem que a autorregulamentação pelo Conselho Nacional de Autorregulamentação Publicitária (Conar) já seria uma forma de controlar e evitar abusos.

IDOETA, P. A.; BARBA, M. D. **A publicidade infantil deve ser proibida?** Disponível em: www.bbc.co.uk. Acesso em: 23 maio 2014 (adaptado).

TEXTO II

A PUBLICIDADE PARA CRIANÇAS NO MUNDO

Fontes: OMS e Conar/2013
Disponível em: www1.folha.uol.com.br. Acesso em: 24 jun. 2014 (adaptado).

TEXTO III

Precisamos preparar a criança, desde pequena, para receber as informações do mundo exterior, para compreender o que está por trás da divulgação de produtos. Só assim ela se tornará o consumidor do futuro, aquele capaz de saber o que, como e por que comprar, ciente de suas reais necessidades e consciente de suas responsabilidades consigo mesma e com o mundo.

SILVA, A. M. D.; VASCONCELOS, L. R. **A criança e o marketing**: informações essenciais para proteger as crianças dos apelos do marketing infantil. São Paulo: Summus, 2012 (adaptado).

INSTRUÇÕES:

- O rascunho da redação deve ser feito no espaço apropriado.
- O texto definitivo deve ser escrito à tinta, na folha própria, em até 30 linhas.
- A redação que apresentar cópia dos textos da Proposta de Redação ou do Caderno de Questões terá o número de linhas copiadas desconsiderado para efeito de correção.

Receberá nota zero, em qualquer das situações expressas a seguir, a redação que:

- tiver até 7 (sete) linhas escritas, sendo considerada "insuficiente".
- fugir ao tema ou que não atender ao tipo dissertativo-argumentativo.
- apresentar proposta de intervenção que desrespeite os direitos humanos.
- apresentar parte do texto deliberadamente desconectada com o tema proposto.

COMENTÁRIOS

Conhecidos o tema e os textos motivadores, vamos analisar alguns aspectos dessa 16ª prova de redação do Enem:

- Bom tema. Nada previsível! Poucos pensaram nele como possibilidade, apesar de se tratar de uma questão presente em nossa realidade.
- Deu oportunidade àqueles candidatos que leem, que se interessam pela sociedade, que são antenados.
- O comando é cópia fiel daquele do ano anterior. Se durante sua preparação o candidato tiver tido o cuidado de analisar a prova do ano anterior, com certeza ele se sentirá mais seguro e mais à vontade.
- O texto 1 noticia a aprovação, em abril de 2014, de uma resolução que considera abusiva a publicidade dirigida à criança nos casos de "intenção de persuadi-la para o consumo de qualquer produto ou serviço".
- O texto 2 apresenta um quadro esclarecedor, apontando as diferenças de regulação da propaganda direcionada a crianças entre os países do mundo.
- O texto 3 traz um trechinho (ou excerto) de um livro que aborda o consumidor do futuro.
- Perfeita relação entre eles. Era só lê-los com atenção.
- Mesmo não esperando por esse tema propriamente dito, era função do candidato ler as informações e daí tomar uma posição sobre o assunto.
- Alguns questionamentos circularam nas redes sociais, logo após o término oficial da prova: o tema tangenciava trabalho infantil? Volte ao enunciado da prova. O tema abordou a publicidade voltada para o público infantil ou o trabalho infantil na publicidade? A primeira possibilidade. Claro!
- Portanto, mesmo que o candidato "ache" ou "suponha" desconhecer o assunto, os textos motivadores norteiam, ajudam, apoiam.

» Calma e atenção! Que tal esse mantra? Podemos adotá-lo! Quando estamos mais tranquilos, nossa capacidade de observação aumenta. Sabemos dessa relação; portanto, tente se manter dessa forma. Vai ajudar bastante.

Nove regras de ouro para a redação

1. Não acredite em fórmulas mágicas. O texto é seu. A autoria também. Ninguém pode pensar, raciocinar e muito menos redigir por você.
2. Leia. Leia tudo que lhe cair nas mãos: jornais, revistas, bons livros. A internet está aí também para isso!
3. A Fundação Universitária para o Vestibular (Fuvest), todos os anos, indica a leitura de determinados livros (em 2014 foram nove títulos). Se você pretende fazer esse concurso, lê-los é obrigatório, e não opcional.
4. Hoje, pela internet, você acessa livros gratuitamente, visita museus, viaja, tem conhecimento de qualquer fato, em qualquer parte do mundo, na hora. E isso é fabuloso! Aproveite.
5. Treine uma vez por semana. Caso perceba muitas dificuldades, treine duas vezes. Desenvolva novamente os antigos temas, não só do Enem ou da Fuvest como, também, de outros concursos e provas de seleção. Além disso, experimente ler alguns artigos ou notícias prestando atenção ao texto, à forma. Reflita, veja se você poderia reescrever ou editar o texto. Redigir é como praticar um esporte: quanto mais treino, melhor o atleta se torna.
6. Teoricamente, o candidato tem uma hora para redigir, ou seja: ler o comando, entendê-lo, pensar na estrutura introdução/desenvolvimento/conclusão; exemplificar; desenvolver, argumentar com propriedade, contextualizar; intervir, propor. Somente o treino fará com que ele consiga executar todas essas

tarefas em uma hora. Alguns não conseguem e gastam 1 hora e 15 minutos, 1 hora e 30 minutos, o que significa perder tempo em outra prova (é bom lembrar que as avaliações de linguagens e de matemática são realizadas no mesmo dia). Difícil? Sim. Impossível? Jamais! É uma questão de organização de tempo. E como as avós costumam dizer: "a pressa é inimiga da perfeição".

7. Dado importante: em 2014, num universo de quase 6 milhões, somente 250 pessoas tiraram a nota máxima – mil pontos! Não cabe aqui julgarmos essa proporção. O fundamental é você obter uma nota alta para ingressar na universidade tão sonhada.

8. Apesar das outras funções do exame, o Enem ainda é o caminho mais procurado para a universidade. É fato. Por isso, se seu objetivo é esse, prepare-se desde o início do ano (em verdade durante todo o ensino médio, especialmente se o curso escolhido for daqueles muito concorridos, como medicina, por exemplo). Absorva as aulas. Peça orientações a seus professores.

9. Portanto, a dica principal é manter a calma e atentar para o que é pedido. E nesta hora vale tudo: concentração, uma boa alimentação antes da prova, uma noite de sono tranquilo, perseverança e acreditar em você!

outros concursos – semelhanças e diferenças

Uma redação do Enem difere da exigida em outros exames de seleção e vestibulares? Algumas exigências, em verdade a maioria, são comuns. Todo texto (na vida profissional, pessoal e afetiva) deve ser claro, por exemplo. Não só deve estar bem fundamentado (senão, compromete a comunicação), como também deve obedecer a uma lógica.

As diferenças, afinal, são mínimas e serão tratadas neste livro, na medida do possível. Mas, para diminuir a curiosidade: no Enem o viés textual é social (como aquele tema atinge a população; o que deve e pode ser feito); já na UERJ, por exemplo, o cunho é mais político. Portanto, o candidato deve apresentar sua visão política em relação àquele assunto.

A Fuvest é responsável pelo vestibular da Universidade de São Paulo (USP), o maior do país, e da Faculdade de Ciências Médicas da Santa Casa de São Paulo. Desde 1976, a cada ano milhares de alunos fazem o vestibular da Fuvest em busca de uma vaga numa das mais conceituadas universidades do Brasil.

No país há uma quantidade imensa de cursos oferecidos à população. É natural que as regras sejam diferentes em alguns casos. No vestibular da Universidade Estadual de Campinas (Unicamp), também um dos mais procurados, há três propostas de redação; em outros, exige-se carta argumentativa.

Carta argumentativa

Esse tipo de texto é pedido em poucos vestibulares, como o da Universidade Estadual de Londrina (UEL) e o da Unicamp. Alguns candidatos acreditam que não há necessidade de treino por se tratar de algo parecido com a dissertação argumentativa. Mas não é bem assim!

As regras são:
- » ESTRUTURA DISSERTATIVA, ou seja, um texto com as três partes já conhecidas: introdução, desenvolvimento, conclusão.
- » ARGUMENTAÇÃO: a palavra-chave é convencer. Convencer o leitor de algo. A argumentação é o sustentáculo da carta argumentativa.
- » CABEÇALHO: na primeira linha da carta, na margem do parágrafo, devem constar nome da cidade e a data. Exemplo: "Belo Horizonte, 30 de maio de 2015".

- Na linha de baixo e também na margem do parágrafo, há o CHAMAMENTO DO LEITOR, que pode ser mais ou menos pessoal: Joana, cara Joana, sra. Joana, dra. Joana, prezada sra. Joana.
- INTERLOCUTOR DEFINIDO: essa é uma diferença entre a dissertação tradicional e a carta. Ao se dissertar, o leitor é vago: pode ser a banca, um grupo desconhecido da faculdade, e por aí vai. Mas na carta, não. Você se dirige a alguém bastante definido. Portanto, habilidade é o norte. O objetivo está aí: argumentar com um destinatário específico sobre determinado assunto.
- NECESSIDADE DE DIRIGIR-SE AO LEITOR: na dissertação não é bem-vindo se incluir no texto; já na carta isso é quase obrigatório; na dissertação, o leitor não é convocado, chamado; na carta, sim. Verbos no imperativo – que fazem o leitor perceber que é ele o interlocutor – e vocativos são bem-vindos.
- ASSINATURA: em todos os concursos há uma preocupação e vigilância em relação à cola eletrônica ou qualquer outra possível forma de transmissão ou adulteração de informações por parte do candidato. Em alguns, por exemplo, é proibido rasurar ou até mesmo desenhar em qualquer folha. Ao se terminar uma carta, é natural assiná-la. Leia o comando e perceba se é possível assinar um aluno/uma aluna; um estudante/uma estudante; um cidadão/uma cidadã ou a inicial do prenome (J. de Joana). O comando é sempre muito claro.

Assim, fique ligado no concurso que você pretende prestar. Leia o edital, analise os critérios e as exigências. Ele serve para ajudar o candidato a se preparar da melhor forma possível.

Antes de aprofundarmos o estudo dos conteúdos de estilo e gramática da língua formal que servem de base a cada uma das competências exigidas, vamos analisar alguns temas e redações, comandos e critérios de correção desses exames de seleção.

Afinal, é na prova de redação que o candidato deve mostrar sua capacidade de articular os conhecimentos das diferentes áreas, o nível de informação e atualização sobre a realidade sociocultural do país e suas correlações com o mundo globalizado. O conhecimento da língua portuguesa, importante, é claro, é avaliado em uma das competências, mas a redação é o ponto de reunião dos conhecimentos gerais e de vida, e o espaço de demonstração da capacidade do candidato em termos mais gerais. Por isso é tão visada, por isso é tão temida.

FUVEST – VESTIBULAR CONCORRIDO E EXIGENTE

A prova de redação da Fuvest é feita na segunda fase do vestibular. Na edição de 2015 o tema da redação foi desagregação social, e os textos motivadores discutiam a necessidade de se pagar por espaços públicos, fenômeno batizado como "camarotização". De acordo com depoimentos publicados no site G1 do Globo.com (http://g1.globo.com), apesar da surpresa, o tema não foi considerado difícil de trabalhar, uma vez que a maioria dos jovens convive com as separações entre ricos e pobres, celebridades e anônimos no seu cotidiano.

Mas para ampliar a abrangência do nosso estudo, vamos analisar o tema da Fuvest 2000.

Você pode perguntar: por que um tema de 2000? A explicação é simples. Em primeiro lugar, o tema ainda é pertinente e motivo de diversos artigos e textos na imprensa brasileira. Em segundo lugar, como já dissemos, porque os temas e a estrutura são recorrentes, o que significa que um ano o tema pode ser o da Fuvest – por exemplo – e, em outro ano, surgir com outra abordagem no Enem. Além disso, a maioria dos concursos exige uma dissertação, quer dizer, a sua opinião a respeito de algum assunto. Portanto Fuvest, Enem, concursos, repetição de informação e afins demandam redações dissertativas.

TEXTOS MOTIVADORES – FUVEST 2000

Recentemente, o Deputado Federal Aldo Rebelo (PCdoB-SP), visando proteger a identidade cultural da língua portuguesa, apresentou um projeto de lei que prevê sanções contra o emprego abusivo de estrangeirismos. Mais que isso, declarou o Deputado, interessa-lhe incentivar a criação de um "Movimento Nacional de Defesa da Língua Portuguesa".

Leia alguns dos argumentos que ele apresenta para justificar o projeto, bem como os textos subsequentes, relacionados ao mesmo tema.

> A História nos ensina que uma das formas de dominação de um povo sobre outro se dá pela imposição da língua. [...] estamos a assistir a uma verdadeira descaracterização da Língua Portuguesa, tal a invasão indiscriminada e desnecessária de estrangeirismos – como "holding", "recall", "franchise", "coffee-break", "self-service" [...]. E isso vem ocorrendo com voracidade e rapidez tão espantosas que não é exagero supor que estamos na iminência de comprometer, quem sabe até truncar, a comunicação oral e escrita com o nosso homem simples do campo, não afeito às palavras e expressões importadas, em geral do inglês norte-americano, que dominam o nosso cotidiano [...].
>
> Como explicar esse fenômeno indesejável, ameaçador de um dos elementos mais vitais do nosso patrimônio cultural – a língua materna –, que vem ocorrendo com intensidade crescente ao longo dos últimos 10 a 20 anos? [...]
>
> Parece-me que é chegado o momento de romper com tamanha complacência cultural, e, assim, conscientizar a nação de que é preciso agir em prol da língua pátria, mas sem xenofobismo ou intolerância de nenhuma espécie. [...]
>
> (Deputado Federal Aldo Rebelo, 1999)

> Na realidade, o problema do empréstimo linguístico não se resolve com atitudes reacionárias, como estabelecer barreiras ou cordões de isolamento

à entrada de palavras e expressões de outros idiomas. Resolve-se com o dinamismo cultural, com o gênio inventivo do povo. Povo que não forja cultura dispensa-se de criar palavras com energia irradiadora e tem de conformar-se, queiram ou não queiram os seus gramáticos, à condição de mero usuário de criações alheias.

(Celso Cunha, 1968)

Um país como a Alemanha, menos vulnerável à influência da colonização da língua inglesa, discute hoje uma reforma ortográfica para 'germanizar' expressões estrangeiras, o que já é regra na França. O risco de se cair no nacionalismo tosco e na xenofobia é evidente. Não é preciso, porém, agir como Policarpo Quaresma, personagem de Lima Barreto, que queria transformar o tupi em língua oficial do Brasil para recuperar o instinto de nacionalidade.

No Brasil de hoje já seria um avanço se as pessoas passassem a usar, entre outros exemplos, a palavra "entrega" em vez de "delivery".

(*Folha de S. Paulo*, 20-10-1998)

Levando em conta as ideias presentes nos três textos, redija uma DISSERTAÇÃO EM PROSA, expondo o que você pensa sobre essa iniciativa do Deputado e as questões que ela envolve.

Apresente argumentos que deem sustentação ao ponto de vista que você adotou.

COMENTÁRIOS

A prova da Fuvest começa com uma introdução, cujo objetivo é direcionar, guiar o leitor. O primeiro texto autoral, de Aldo Rebelo, é radicalmente contra o estrangeirismo. O segundo, de Celso Cunha, discorda do anterior. O grande gramático, já falecido, acha que o processo é irreversível. E o terceiro, do jornal *Folha de S. Paulo*, contemporiza. Cita inclusive um personagem conhecido da literatura brasileira, o Policarpo Quaresma, nacionalista ao extremo.

O que há de comum entre os textos? Pensou? Volte a eles! Sim, os três são contra a xenofobia, a intolerância!

E, ainda em relação ao comando, o que exatamente se espera do candidato?

Que ele se posicione a respeito da iniciativa do então deputado Aldo Rebelo: ou vai concordar, achar que os estrangeirismos são absurdos; ou discordar, pressupor uma impossibilidade de se estancar o processo – já que a língua é viva; ou se posicionará como um contemporizador, ou seja, bom senso é a palavra! Mas, de qualquer forma, exige-se que o candidato tome uma posição, opine e fundamentalmente argumente com clareza.

Escrever é preciso

Vimos neste primeiro capítulo diversos aspectos da redação, na perspectiva de um exame abrangente como o Enem, no qual a redação é pautada exclusivamente pelas demandas de cada competência, pelos critérios de correção, pelos temas e textos motivadores e pelo comando implacável.

E quem não redige nesse contexto? Estaria livre dessas exigências? De algumas certamente sim, mas de outras absolutamente não.

O ato de redigir no universo pessoal, social e profissional, claro, é diferente de elaborar uma redação para concurso, qualquer que seja ele. Mas tirando o aspecto da pressão extrema e do inevitável rigor dos critérios de correção, podemos admitir que as diferenças não são tão grandes.

As competências estão baseadas em conceitos fundamentais para toda forma de comunicação: clareza, coesão, coerência, posicionamento, articulação com a realidade social e cultural. Um comando faz parte não só da prova de redação do Enem ou de outros concursos, como também dos objetivos de cada modo de comunicação em nossa vida profissional e social.

Um simples exemplo: você recebe uma ordem de seu chefe. Se o comando não estiver claro, você ficará perdido, não saberá exatamente o que o outro deseja e de que precisa.

Observe o seguinte e-mail:

Boa tarde,
A senhora o conteúdo programático do seu curso?
Atenciosamente,

Pois é! Aí está um erro bastante comum: quem redigiu a mensagem ou estava com pressa ou não releu o que escreveu e, assim, não consta o principal, o verbo do comando. O que deseja o emissor? Que tal senhora mostre, envie, propague, mude, substitua, acrescente alguma informação ao conteúdo programático?

Difícil saber...

Daí a lição: releia o que escreve. Tenha calma. Foque.

E mais um exemplo:

Você precisa confirmar um evento. Será no próximo dia 28 e é bastante relevante que as pessoas se lembrem desse acontecimento. Melhor relembrá-las. Certo?

Equipe,
É só para retificar a data de nosso evento!
Conto com todos.
Meu abraço.

Você enviou o e-mail e imediatamente sua caixa postal ficou lotada de mensagens. E todas questionam a nova data. Como assim a nova data? Aí você decide reler seu texto e quase morre de vergonha.

Se você queria confirmar, a palavra correta era *ratificar*, e não *retificar*, que significa emendar, corrigir. Ah! E o que fazer agora? Reenviar e se desculpar. Olha o retrabalho aí!

Portanto, lembre-se: em qualquer circunstância, seja numa prova, seja num concurso, seja no seu cotidiano profissional, seja no relacionamento social, o ato de redigir requer paciência e persistência.

Para Gustavo Bernardo, professor de redação e autor do livro *Redação inquieta*, "redigir é um ato de insistir e resistir". Logo no início de seu livro, ele defende que escrever não é uma questão de dom e que essa "noção deve ser combatida, pois se baseia na irracionalidade de buscar fora do homem, na 'maldita' inspiração, a explicação absolutista para sua habilidade ou inabilidade", e completa:

> Escrever não será, também, uma questão apenas de técnica. Não se escreve sem uma técnica, é certo. Mas ninguém começa a escrever depois de "adquirir" a tal da técnica. Começa-se a escrever porque se deseja fazê-lo, e então, enquanto se vai escrevendo, se vai organizando a própria técnica.
>
> O ato de escrever é, primeiro e antes de tudo, a questão do desejo. Ora o desejo de os outros se reproduzirem em nós através das palavras, ora o nosso desejo de nos reproduzirmos, nos multiplicarmos, nos transcendermos e, mesmo, nos imortalizarmos, através de nossas palavras.
>
> (Gustavo Bernardo, *Redação inquieta*, 1988, p. 6.)

Domínio da língua portuguesa

A primeira competência avaliada pelo Enem é a capacidade do candidato de escrever de acordo com o padrão formal e a norma-padrão; os requisitos exigidos são correção gramatical e vocabulário que permita ao candidato discorrer sobre determinado assunto numa linguagem que se diferencie dos padrões comuns da oralidade.

Para dar conta da norma-padrão, é preciso ter cuidado com a grafia das palavras, com a pontuação e com o correto emprego dos pronomes e dos verbos, além de observar as regras básicas da concordância e da regência, do emprego dos verbos em tempos e modos, e dos pronomes mais apropriados para evitar ambiguidade.

Para apoiar o desenvolvimento dessa competência, vamos rever alguns conteúdos importantes a ela relacionados: acentuação; pontuação; ortografia; concordância; regência nominal e verbal; oralidade e coloquialismo; repetição ou omissão de palavras. Cada um desses assuntos será tratado de forma leve e direta, sem muitas regras e com o uso de textos jornalísticos para exemplificar acertos e erros nesses quesitos.

oralidade e coloquialismo

Falar é tão diferente de escrever! Os dois atos cumprem a mesma finalidade, ou seja, comunicar; mas os meios são variados. Fala-se de uma forma; contudo, escreve-se de outra totalmente diferente.

Em ambas as formas deve-se atentar para a norma-padrão da língua portuguesa. Se lermos, falarmos ou escutarmos "nós vai jogar logo mais", entendemos perfeitamente a mensagem do emissor – a de que ele e outros mais irão participar de um jogo daqui a algumas horas. Houve comunicação? Claro que sim! Porém, em concursos, em provas, no meio corporativo, nas mensagens empresariais, as regras se impõem. Quando não as empregamos corretamente, os vocábulos ficam menos prestigiados e – em alguns casos – são socialmente estigmatizados.

A linguagem oral é menos rígida que a formal. Pode incluir o uso de gíria, mas algumas regras merecem ser observadas, como a concordância, por exemplo. O erro de concordância em geral é percebido e causa um certo mal-estar. No mais, o que importa é a adequação. Essa é a palavra! Qual é o público-alvo deve ser a primeira preocupação para garantir uma boa comunicação. Numa conversa, por exemplo, podemos relembrar uma determinada situação e confirmar que foi a "maior saia justa aquele encontro", quer dizer, o encontro foi constrangedor, delicado.

Entretanto, ao ler em uma publicação[1] que "a saia justa midiática – potencializada pelo fato de McQueen ser estrangeiro e de supostamente não estar atento a um aspecto importante de sua própria consagração – deixou ainda mais claro que *Lincoln* e *12 anos de escravidão* sublinharam com sua simples aparição no tapete vermelho do Oscar..." o sentido real fica distorcido e o emprego não é o mais apropriado, por se tratar de um texto publicado.

---

[1] *História e Cultura*, ano 10, nº 2.

Observe a diferença:

Texto I (falado)
João Romão trabalhou doze anos num mercadinho imundo em Botafogo. Nesse período, guardou e poupou seu salário. Quando o dono morreu, ele herdou não só o estabelecimento como uma grana preta.

Texto II (escrito)
João Romão foi, dos 13 aos 25 anos, empregado de um vendeiro que enriqueceu entre as quatro paredes de uma suja e obscura taverna nos refolhos do bairro de Botafogo; e tanto economizou do pouco que ganhara nessa dúzia de anos, que, ao retirar-se o patrão para a terra, lhe deixou, em pagamento de ordenados vencidos, nem só a venda com o que estava dentro, como ainda um conto e quinhentos em dinheiro.

(Aluísio Azevedo, *O Cortiço*)

Portanto, é bom lembrar que:
» há diferenças entre o falar e o escrever;
» deve-se prestar atenção no público-alvo;
» a formalidade é valorizada socialmente.

E agora... algumas normas da língua formal

Vamos começar pela ortografia, pois afinal, antes de concordar, acertar a regência e a pontuação, é preciso escrever de acordo com a norma oficial. E essa norma é chamada ortografia. Claro que já na infância aprendemos a escrever; depois, esse processo continua quase no piloto automático, mas de repente a coisa trava e ficamos indecisos diante de uma palavra – como é que se escreve? Com *x* ou com *ch*? Com *s* ou com *z*? Com acento ou não? Com hífen?

A dúvida é democrática. Todos a temos! E a melhor maneira de resolvê-la ainda é a consulta ao dicionário e a fixação das regras básicas determinadas pelos gramáticos.

Mas as normas também podem mudar, já que a ortografia oficial é resultado de acordos acadêmicos e políticos entre países que falam a mesma língua.

E um desses acordos, depois de muita discussão, foi firmado recentemente. No dia 1º de janeiro de 2009, o Brasil e a Comunidade de Países de Língua Portuguesa endossaram as novas regras do acordo ortográfico negociadas com o objetivo de promover a união e proximidade dos países que têm o português como língua oficial – Angola, Moçambique, Cabo Verde, Guiné-Bissau, São Tomé e Príncipe, Timor-Leste, Brasil e Portugal. O documento, entretanto, ainda não foi ratificado por Moçambique e Angola. Em Portugal, a ratificação do acordo enfrenta algumas resistências. Assim, para alinhar o nosso cronograma com o dos demais países, a vigência obrigatória, o prazo de implementação total da Reforma Ortográfica no Brasil, que era até 1º de janeiro de 2013, foi adiada para o dia 1º de janeiro de 2016.

Com o adiamento, tanto a ortografia atual quanto a prevista são aceitas, ou seja, a utilização das novas regras continua sendo opcional até que a reforma ortográfica entre em vigor. A imprensa já adotou a nova ortografia e, por isso, os textos publicados em jornais e revistas são utilizados com frequência em concursos.

Assim, o melhor é combater a resistência e admitir que não se trata de um bicho de sete cabeças. Vamos às novas regras.

REFORMA ORTOGRÁFICA – PRINCIPAIS REGRAS

1. O alfabeto é formado por 26 letras, e não mais por 23. *K, W* e *Y* foram incorporados: A B C D E F G H I J *K* L M N O P Q R S T U V *W* X *Y* Z.
2. Não existe mais o trema: quinquênio, sequência, tranquilo (mas seu uso continua nas palavras estrangeiras: Müller).

3. Os ditongos abertos *ei* e *oi* não são mais acentuados nas paroxítonas (quando a sílaba tônica é a segunda de trás para a frente).
Portanto i-*dei*-a/ideia (e não idéia); al-ca-*tei*-a/alcateia (e não alcatéia); as-te-*roi*-de/asteroide (e não asteróide); pa-ra-*noi*-a/paranoia (e não paranóia).
4. Não são mais acentuados o *i* e o *u* nas palavras paroxítonas, quando vierem após um ditongo: bai-*u*-ca/baiuca (e não baiúca); fei-*u*-ra/feiura (e não feiúra).
5. O encontro entre as vogais *OO* e *EE* perdeu o acento; logo, grafa-se *voo*, e não mais *vôo*; *veem*, e não *vêem*.
6. Alguns acentos diferenciais não existem mais:
    » *para* – tanto o verbo quanto a preposição recebem a mesma grafia:
    Ela para o carro todos os dias na mesma vaga.
    Vou para Brasília na próxima semana.
    » *pela* – o verbo "pelar" e a preposição recebem a mesma grafia:
    Ela se pela de medo de avião.
    Passei pela rua principal para chegar até aqui.
    » *pelo* – a preposição e o substantivo recebem a mesma grafia:
    Passei pelo novo viaduto para chegar até aqui.
    O pelo do corpo dele é dourado.
    » *polo* – como substantivo, perdeu o acento: *polo* sul, *polo* norte.
    » *pera* – como substantivo, perdeu o acento: suco de pera.
7. Nem todos os acentos diferenciais caíram. Foram mantidos:
    » *pode* (presente do indicativo)/*pôde* (pretérito perfeito):
    Ela pode viajar.
    Ela pôde viajar.
    » *pôr* (verbo)/*por* (preposição):
    Posso pôr o livro aqui?
    Farei isso por você!

> *tem* (verbo no singular); *têm* (verbo no plural):
> Ele tem poder.
> Eles têm poder.
>
> *mantém*, *convém*, *detém* e *intervém* (verbos no singular):
> O governo mantém a meta.
> Convém a você segui-la.
> Ela detém o voto de Minerva e não intervém nas discussões.
>
> *mantêm*, *convêm*, *detêm* e *intervêm* (verbos no plural):
> Os governos mantêm uma boa relação de cooperação.
> Convêm a eles condições adequadas de compra.
> Dois países detêm mais poder de barganha e não intervêm nas decisões dos demais.

8. O hífen continua nos casos de encadeamentos vocabulares: *Rio-São Paulo*.
9. Quando o segundo elemento começa com *-h*, o hífen é obrigatório: *anti-higiênico, super-homem, ultra-humano*. Exceção: subumano.
10. Se o segundo elemento começar com a mesma vogal com que termina o primeiro, o hífen é obrigatório: *anti-inflamatório, contra-ataque, micro-organismo*.
11. Se o primeiro elemento acaba em vogal e o segundo elemento começa com vogal diferente desta, unem-se as palavras: *autoestrada, contraindicação, infraestrutura*.
12. Se o primeiro elemento termina em vogal e o segundo inicia com *r* ou *s*, unem-se as palavras e dobram-se essas letras: *antissocial, autossuficiente, ultrassom*.
13. Se o prefixo termina com consoante, não há hífen se o segundo elemento começar por vogal: *hiperativo, superamigo*.
14. Hífen, sempre, com os prefixos *circum* e *pan*, diante de palavras iniciadas por *m, n* e vogal: *circum-navegação, pan-americano*.
15. Hífen, sempre, quando a consoante for a mesma: *hiper-requintado, inter-regional*.

16. Hífen, sempre, com prefixo *sub* seguido de palavra iniciada por *r*: *sub-raça*.
17. Hífen, sempre, com os prefixos *ex, sem, além, aquém, recém, pós, pré, pró* e *vice*: *ex-mulher, sem-terra, aquém-mar, recém-nascido, pós-graduação, pré-vestibular, pró-europeu, vice-governador*.
18. Algumas palavras perderam a grafia de composição, não mais sendo escritas com hífen: *mandachuva, paraquedas*.

RESUMO DAS PRINCIPAIS REGRAS PARA USO DO HÍFEN

» Diante da letra *h*: *extra-humano*.
» Prefixo terminado em consoante + palavra iniciada com a mesma consoante: *inter-racial*.
» Prefixo terminado em vogal + palavra iniciada com a mesma vogal: *contra-almirante*.

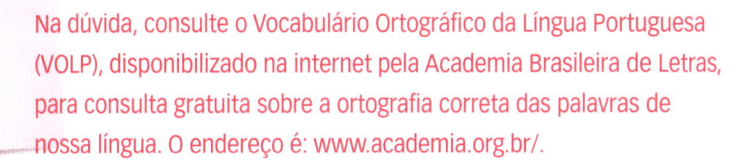

Na dúvida, consulte o Vocabulário Ortográfico da Língua Portuguesa (VOLP), disponibilizado na internet pela Academia Brasileira de Letras, para consulta gratuita sobre a ortografia correta das palavras de nossa língua. O endereço é: www.academia.org.br/.

Basta entrar no site, clicar na aba VOLP e digitar a palavra. Se você digitar, por exemplo, uma palavra que tinha hífen e agora não tem mais, a resposta será "nenhum resultado encontrado". Então você redigita a palavra sem o hífen (ou sem o acento, se for o caso), e ela aparecerá com a grafia correta e com sua classificação gramatical. No caso dos vocábulos formados pela junção de prefixos (semi, pseudo, etc.), você pode digitar apenas o prefixo, e o VOLP apresenta a lista das palavras derivadas com a grafia correta.

Quanto aos tempos verbais, tenha uma boa gramática ao seu lado sempre que possível. Todas as regras estão lá.

PONTUAÇÃO

O uso correto da pontuação, na escrita da língua portuguesa, não deveria oferecer dificuldade. Afinal, paradas e pequenas pausas, indicações e sinalizações, organização em blocos e outras formas de separação, interrupções e assuntos intercalados fazem parte da nossa vida desde sempre. Aprendemos isso no colégio, na autoescola, nos relacionamentos, etc. Simples assim. Entretanto...

> Colnago passeia pelo interior
> Obras são resultados de estudos e experimentações que fundamentam suas criações artísticas há mais de 36 anos como professor, pintor, desenhista, restaurador e tantas outras atividades.
> [...]
> Quem comparece às inaugurações pode conhecer o artista e com ele dialogar sobre as diferentes técnicas, matérias, símbolos e ícones que constituem a feitura dos desenhos em papel com grafite, aquarela, tinta acrílica, colagens de papel, tecidos e fotográficos, transposição xerográfica, desenhos com pontas de metal sobre MDF (ouro, prata, cobre e latão), pinturas em acrílica sobre tela, sobre MDF, aplicação de folha de ouro, têmpera de caseína e objetos de madeiras.
> [...]
> São caixas de madeiras protegidas por vidros, oratórios, pequenos nichos que abrigam cachos de cabelos, grinaldas, punhal, fotos envelhecidas, flores desidratadas, corações, resplendores, pregos, imagens de santos, arcanjos, de Cristo e Maria, onde a pintura se faz presente. Os objetos contam histórias pessoais, entronizadas em imagens do sagrado, relíquias íntimas relacionadas aos símbolos do suplício, da dor e do amor devocional.
> (*A Gazeta* – Artes Plásticas, Vitória, 15-3-2014)

COMENTÁRIOS SOBRE O TEXTO

> [...] dialogar sobre as diferentes técnicas, matérias, símbolos e ícones que constituem a feitura dos desenhos em papel com grafite, aquarela, tinta acrílica, colagens de papel, tecidos e fotográficos, transposição xerográfica, desenhos com pontas de metal sobre MDF (ouro, prata, cobre e latão), pinturas em acrílica sobre tela, sobre MDF, aplicação de folha de ouro, têmpera de caseína e objetos de madeiras.

São tantos itens enumerados que a gente se perde na leitura, já que não há separação ou organização entre técnicas, materiais, suportes, etc. Esse é um exemplo claro da necessidade de hierarquização e classificação. Como? Com vírgula e ponto e vírgula.

Veja como o texto fica mais claro com o emprego adequado da pontuação:

> [...] dialogar sobre as diferentes técnicas; matérias; símbolos; ícones e outros aspectos, que constituem a feitura dos desenhos feitos em papel com grafite, aquarela, tinta acrílica; ou em MDF com pontas de metal, ouro, prata, cobre e latão. Além de desenhos, colagens de papel, tecidos e papéis fotográficos, transposição xerográfica, pinturas em acrílica – sobre tela ou MDF –, aplicação de folha de ouro, têmpera de caseína e objetos de madeiras.

A pontuação é muito importante na escrita

Dependendo de sua colocação, uma vírgula pode alterar completamente o sentido de um texto. Além da clareza e da precisão daquilo que se quer comunicar, a pontuação tem ainda um papel de destaque no ritmo e no estilo do texto.

DOIS-PONTOS
Esse sinal gráfico é empregado nas enumerações e explicações.

Claramente: o mais prático dos sóis,
o sol de um comprimido de aspirina:
de emprego fácil, portátil e barato,
compacto de sol na lápide sucinta.[2]

PARÊNTESES
O sinal gráfico de parênteses ( ) é usado para marcar um intervalo, ou momento intercalado do texto, para acrescentar alguma informação:

[...] Portugal levou o carnaval para suas colônias (e Goa era território português até 1961, quando foi invadida pelo exército indiano). Mas junto impôs também a Inquisição.
(Hermano Vianna, "A inquisição de Goa", em *O Globo*, 20-2-2015)

Os parênteses são usados também para apresentar siglas, datas, nomes ou sobrenomes, e traduções ou títulos originais, por exemplo.

A Federação do Comércio de São Paulo (Fecomercio) divulgou novos dados sobre o varejo.

O filme Que horas ela volta, premiado em Berlim, conta a história de Val (Regina Casé), que deixa a filha pequena com a avó em Pernambuco e vai para São Paulo para ganhar a vida.

---

[2] João Cabral de Melo Neto, "Num monumento à aspirina", em *Educação pela pedra*, Obra Completa (Rio de Janeiro: Aguilar, 1994), p. 360.

São empregados, ainda, para inserir comentários ou explicações sobre o que se escreve:

O dólar em alta tem sido motivo de preocupação (e muita dor de cabeça) para os brasileiros que compraram pacotes para os Estados Unidos.

PONTO DE EXCLAMAÇÃO

Sinal de fim de frase que denota admiração, alegria, surpresa ou mesmo indignação. Substitui o ponto-final, em alguns casos.

> Consertando vazamentos. Uma trinca em um cano, ou uma conexão mal-feita nas tubulações, pode desperdiçar até 50 litros (ou 5 baldes) por dia! Contrate o conserto... porque ele se paga fácil!
>
> (Jornal MetroRj, 15-5-2014)

Pode ser empregado com ou sem reticências:

Vamos almoçar amanhã, sem falta!
Vamos... Não!... Quer dizer, vou pensar!

Há uma tendência de uso abusivo do ponto de exclamação nas mensagens eletrônicas e nas postagens em redes sociais, inclusive repetindo o sinal: "Incrível!!!".

Mas, cuidado: nos textos formais e na redação corporativa, use-o com moderação.

PONTO E VÍRGULA

Usado para indicar uma pausa maior que a denotada pela vírgula e menor que a do ponto-final (afinal, o pensamento ainda não foi encerrado):

> Em um ano, área desmatada subiu 2.000 hectares; MG e PI devastaram mais; SP e RJ mantêm seus índices baixos.
> (*Folha de S. Paulo*, 27-5-2014)

Deve ser empregado em enumerações, principalmente quando usamos marcadores para destacar alguma informação. Esse é um recurso muito utilizado nos textos jurídicos e legais:

> Sendo assim, a Conta de Desenvolvimento Energético (CDE), conforme art. 23 da Lei 12.783/2013, visa ao desenvolvimento energético dos estados, além dos seguintes objetivos:
> - promover a universalização do serviço de energia elétrica em todo o território nacional;
> - garantir recursos para atendimento da subvenção econômica destinada à modicidade da tarifa de fornecimento de energia elétrica aos consumidores finais integrantes da Subclasse Residencial Baixa renda;
> - prover recursos para os dispêndios da Conta de Consumo de Combustível (CCC);
> [...]
> (*Demonstrações financeiras – Eletrobras Furnas 2013*. Disponível em: www.furnas.com.br)

Lembre-se

Depois de ponto e vírgula, usa-se letra minúscula. Portanto, nas enumerações, quando usamos o ponto e vírgula, o item seguinte deve começar com minúscula.

PONTO-FINAL

Serve para marcar a pausa absoluta que indica o fim de um período, o encerramento de uma ideia, uma frase declarativa ou imperativa.

> Os dois primeiros dias serão dedicados integralmente a exames médicos.
> Os treinos com bola só começarão dia 29.
> (Jornal MetroRJ, 15-5-2014)

É usado também nas abreviações:

Aguarda Deferimento = *A.D.*
Companhia = *Cia.*
Limitada (comercialmente) = *Ltda.*
Vereador = *ver.*
antes de Cristo = *a. C.*

PONTO DE INTERROGAÇÃO

Sinal de fim de frase que indica uma pergunta:

> Você é daqueles que não abrem mão de um prato de arroz, feijão, carne e salada de tomate? Então é melhor repensar...
> (Folha de S. Paulo, 27-5-2014)

> E se o Brasil não tivesse sido colonizado? E se os índios tivessem tomado conta do pedaço?
> (Revista RESERVA, ano 3, março de 2014)

RETICÊNCIAS

Marcam a continuidade de um fato, de uma ação:

Crianças nascem diariamente no Brasil... e outras tantas morrem ...

Ou, ainda, sinalizam a suspensão ou interrupção de um pensamento:

A música tocava, os dois dançavam sem se dar conta do tempo.
Quando perceberam...

> **Lembre-se**
>
> As reticências entre colchetes, que você vai ver tantas vezes neste livro e em outros, servem para indicar a supressão de algum trecho do texto transcrito.

TRAVESSÃO

Isola palavras, frases (assim como as vírgulas e os parênteses), intercalando ou destacando uma explicação adicional.

> Uma menina de apenas 15 anos, aluna da York House School – escola de ensino médio apenas para garotas – criou um teste para HIV mais rápido e mais barato.
> (*Folha de S. Paulo*, 27-5-2014)

> O Enem possui esta característica específica – a proposta de intervenção social – e, no fundo, ela é um dos principais objetivos da prova de redação do exame: abordar o tema a fim de elaborar uma proposta de solução para ele, já que normalmente trata-se de uma questão ou um problema de cunho social.
> (Disponível em *InfoEnem*. Acesso em 22-5-2014)

O uso excessivo do travessão pode comprometer a compreensão do texto. Observe:

> Um olhar atento – à história recente do mundo – permite perceber que a atividade pictórica em muros é marcada por sua irreverência. Desde sua criação, nos guetos das maiores metrópoles – inicialmente, na América do Norte e, gradativamente, expandindo-se pelo mundo –, vem criticando democraticamente – por meio da criatividade juvenil – a sociedade e seus valores.
>
> (Excerto de redação de um aluno do 3º ano do ensino médio)

VÍRGULAS

Alguns de nós aprendemos que a vírgula é uma pausa para respirarmos. Mas a vírgula não é uma pausa oral e, sim, gráfica! Basta aprender como usar ou mesmo relembrar as regras. Fica bem mais fácil quando temos um norte a seguir.

Então vamos a um lembrete importantíssimo: não se separa o sujeito do verbo nem o verbo de seus complementos. É erro grave, crasso! Só essa regrinha já vai ajudá-lo a minimizar seus deslizes. Vamos relembrar?

- Sujeito: aquele que faz a ação, que a pratica.
- Verbo: a ação em si.
- Complemento: alguns verbos exigem complementos (objetos diretos ou indiretos).

REGRAS BÁSICAS PARA O USO DA VÍRGULA

1. Ordem direta: SVC

    O secretário-geral da Fifa visitou seis capitais.
    - O secretário-geral da Fifa = sujeito
    - visitou = verbo
    - seis capitais = complemento; no caso, um objeto direto

Há necessidade de vírgula? Não! Todavia, se quiséssemos acrescentar qualquer outra informação, teríamos de atentar para duas vírgulas (jamais uma só, pois a informação adicional tem de estar contida entre duas vírgulas):

O secretário-geral da Fifa, Jérôme Valcke, visitou seis capitais.

Portanto, a regra é bem simples: S = sujeito + V = verbo + C = complemento = SVC não podem nunca ser separados. Se houver a exigência de alguma outra informação, usamos duas vírgulas. Uma para iniciar a interrupção no SVC e outra para encerrá-la.

2. Aposto explicativo

O movimento revolucionário, deflagrado pelas Forças Armadas e dirigido na sua maior parte por capitães que tinham participado das guerras coloniais na África, pôs fim à mais antiga ditadura europeia.

(*História & Cultura,* ano 10, nº 2, abr. de 2014)

O exemplo mostra um aposto explicativo, ou seja, abre-se um espaço entre o sujeito e o verbo, para explicar, denunciar, explicitar, adicionar alguma forma de informação relativa a esse sujeito.

3. Orações subordinadas adverbiais

O que é um advérbio? Você se lembra? É uma palavra invariável que modifica o sentido do verbo, do adjetivo ou do próprio advérbio.

» Verbo: *A Holanda joga mal.*
» Adjetivo: *É muito bonito ver um jogo no Maracanã.*
» Advérbio: *O Brasil sempre joga muito bem.*

O advérbio pode expressar várias circunstâncias, por exemplo: tempo (cheguei *cedo*); lugar (chegamos *aqui* com esforço); modo (fui *mal* na corrida de hoje); negação (*não* conseguirei correr os 2 km); dúvida (*talvez* eu chegue a tempo).

A circunstância de tempo, modo, etc. pode estar expressa em uma oração subordinada adverbial, que normalmente vem depois da oração principal.

> **Lembre-se**
>
> Quem está subordinado está subordinado a algo ou a alguém. Assim, toda oração subordinada precisa de uma oração principal.

A ordem direta é oração principal + oração subordinada.

Saímos rapidamente (principal) visto que nosso bebê chorava sem parar (subordinada causal).

Nesse caso, o uso da vírgula não é obrigatório (pode-se ou não empregá-la).

Mas atenção: quando a ordem for invertida, isto é, quando subordinada vier antes da principal, empregamos a vírgula.

Como o bebê chorava muito, resolvemos sair imediatamente.

4. Outros usos da vírgula:
 » Separar elementos de uma enumeração.
   Irei a Belo Horizonte, Recife, Salvador, Manaus, Porto Alegre e talvez São Paulo!
 » Isolar o vocativo, isto é, uma palavra ou uma expressão para chamar o interlocutor; nomear ou qualificar o sujeito de uma oração.
   Prezados alunos,
   O novo presidente da Ucrânia, Petro Poroshenko, tomou posse em meio a uma grave crise.
   Alexandre, o Grande, foi rei da Macedônia.

- » Indicar a ausência (ou elipse) do verbo.
  Os manifestantes deveriam agir com mais calma; os policiais, com mais inteligência.
- » Separar orações intercaladas (aquelas cujo sentido independe da posição no período).
  A Infraero informou que, mesmo sendo uma área de acesso restrito, havia vigilantes no local do furto.
- » Separar orações coordenadas (ligadas por conectivos e que não têm relação de dependência ou subordinação entre si).
  Para a festa comprei bons vinhos tintos, mas esqueci os espumantes.
- » Isolar orações subordinadas adjetivas explicativas (que exercem a função de adjetivo e começam pelo pronome relativo "quê").
  Informamos que a decisão normativa, que impôs restrições à movimentação de cargas, foi suspensa na reunião de ontem.

Sugestão

Se houver dúvida, se você não souber empregar o sinal de pontuação corretamente e não houver tempo para pesquisar, entre empregar ou não o sinal, a melhor opção é não! O erro é menos gritante.

PARA TREINAR

Você gosta de desafios? Pois é! Alguns concursos, há tempos, lançam mão deles, e valendo como questão. Cabe ao candidato pontuar as frases corretamente para que, dessa forma, elas façam sentido.

A primeira é uma questão conhecida, formulada em vestibular da PUC-Rio lá pela década de 1980. A banca pediu que os vestibulandos pontuassem:

No porto um navio inglês entrava o navio alemão.

A maioria pensou no verbo entrar e, naturalmente, errou. Os mais espertos e mais calmos (sim, calma e atenção são requisitos básicos no nosso dia a dia) perceberam que tal verbo não fazia sentido. Claro. O verbo, neste caso, era *entravar* e, não, entrar. Portanto, o correto é:
    No porto, um navio inglês entrava o navio alemão.

A segunda, já conhecida dos professores de língua portuguesa, foi exigida em um concurso recente:
    Maria quando toma banho quente sua mãe diz ela posso tomar frio.

Pense bem antes de pontuar. Onde estão o verbo, o sujeito? Achou? Percebeu que *sua* é verbo (suar) e não pronome? Como fica, então?
    Maria, quando toma banho quente, sua.
    — Mãe, diz ela, posso tomar frio?

Legal, não?
E mais uma:
    Carregar uma pedra uma andorinha só não faz verão.

Não pense em verão como um substantivo, que designa uma das estações do ano. Pensou? E, sim, como o verbo *ver*, no futuro (eu verei, tu verás, ele verá, nós veremos, vós vereis, eles verão)!

Só para confirmar:
    Carregar uma pedra, uma andorinha só não faz. Verão!

Ou seja, vocês verão!

USO EXCESSIVO DA VÍRGULA

Defesa de Eike pede extinção de processo de minoritários da OGX
Acionistas buscam na Justiça indenização por danos morais e materiais.

[...] Com desfaçatez inigualável, os autores, acionistas com participação acionária insignificante na empresa OGX, hoje Óleo e Gás Participações S.A., representando, reunidos, 0,005% do capital social da companhia (doc.2), ajuizaram a presente demanda, em face de Eike Fuhrken Batista e Pedro Sampaio Malan, membros do Conselho de Administração, e da Comissão de Valores Mobiliários", diz o texto da defesa de Eike. [...]

(*O Globo*, Economia, 14-5-2014)

Muitos advogados exageram nos termos técnicos e nas construções empoladas. No texto de defesa que vimos acima, há um exagero de vírgulas que emperra a leitura. Como se trata de uma notícia de jornal, o autor poderia ter optado por um discurso indireto, aquele em que o narrador reproduz com suas palavras o texto ou a fala de alguém. Nesse caso seria possível driblar o excesso de ideias intercaladas e, consequentemente, de vírgulas.

PROPOSTA DE EDIÇÃO

Defesa de Eike pede extinção de processo de minoritários da OGX

A indenização por danos morais e materiais pleiteada na Justiça pelos acionistas minoritários da empresa OGX, hoje Óleo e Gás Participações S.A., contra Eike Fuhrken Batista e Pedro Sampaio Malan — respectivamente membros do Conselho de Administração e da Comissão de Valores Mobiliários — foi considerada uma "desfaçatez inigualável" pela defesa de Eike, uma vez que os acionistas autores da ação detêm, em conjunto, apenas 0,005% do capital social da companhia.

CONCORDÂNCIA

Tudo se interliga, não é mesmo? Quando há concordância, as coisas se combinam e fazem sentido. Assim é na vida; assim também é na gramática. Singular, por exemplo, tem a ver com singular; plural, com plural. Na gramática, e não poderia ser diferente, essa relação se chama concordância.

Mas nem sempre as coisas acontecem como deveriam. Às vezes, numa frase invertida (fora da ordem SVC – sujeito, verbo e complemento), o sentido escapa e o redator escorrega.

> **A beleza cotidiana da África**
> *Projeto conta a história do dia a dia do continente por meio de postagens diárias, muito além das guerras, da fome e da pobreza.*
>
> [...] Por meio da rede social de fotos Instagram, em poucos segundos, as imagens alcançam pessoas conectadas pela internet de todos os lugares do mundo. As distâncias diminuíram, e as possibilidades de diálogo são milhares.
> Há imagens trágicas, de refugiados, prédios destruídos pela guerra, e pessoas sofrendo alguma forma de discriminação. [...]
> A qualidade das fotografias surpreendem os mais incrédulos quanto ao meio pelo qual são tiradas. Todas são feitas com celulares. [...]
> (*Zero Hora* – Donna ZH, Porto Alegre, 18-5-2014)

COMENTÁRIOS

"A qualidade das fotografias surpreendem os mais incrédulos quanto ao meio pelo qual são tiradas. Todas são feitas com celulares."

A inversão da ordem direta dos termos – sujeito, verbo, predicado e complementos ou adjuntos – pode ser uma opção de estilo, mas com frequência prejudica a compreensão da informação e, de um modo geral, não acrescenta nenhum valor especial ao enunciado. Esse é o caso da sentença anterior, que ficaria bem mais fluente se fosse escrita na ordem direta: "os mais incrédulos se surpreendem com a qualidade das fotografias, todas tiradas com celulares".

Além disso, essa inversão é muito arriscada, pois pode gerar um erro grave de concordância, como o cometido acima.

A qualidade das fotografias surpreende – o sujeito: a qualidade.

ou

Todos se surpreendem com a qualidade das fotografias – sujeito: todos.

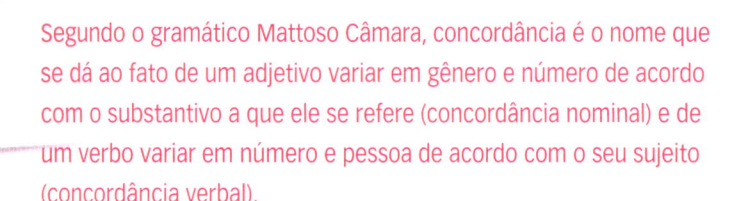

> Segundo o gramático Mattoso Câmara, concordância é o nome que se dá ao fato de um adjetivo variar em gênero e número de acordo com o substantivo a que ele se refere (concordância nominal) e de um verbo variar em número e pessoa de acordo com o seu sujeito (concordância verbal).

ORDEM DIRETA – SVC

A ordem sujeito/verbo/complemento (SVC) pode ser alterada. Pode? Claro que sim. Esse é um recurso que podemos usar e até abusar; mas cuidado com a concordância. O sujeito depois do verbo – sujeito posposto – às vezes nos deixa em cada cilada!

EXPRESSÕES PARTITIVAS E COLETIVOS

São, por exemplo: *a maioria, grande parte, a maior parte de, um terço*, etc.

Nesse caso, a regra não é tão rígida. Você pode concordar com a palavra mais próxima – e a isso chamamos de *concordância atrativa* – ou se a expressão vier seguida de palavra no plural – com o termo no plural. Observe os exemplos:

De uns tempos para cá, a maioria das lojas aceita cartões de crédito.

Aceita (verbo) está concordando com *a maioria das*. Certo? Todavia, podemos fazer de outro jeito:

A maioria das lojas aceitam cartões de crédito.

Nesse caso, concorda-se o verbo com a palavra mais próxima: "lojas".

Grande parte dos livros revela o que somos e o que não somos.

Grande parte/revela. Correto? Sim, mas não é a única possibilidade; há a opção de outra concordância:

Grande parte dos livros revelam o que somos e o que não somos.

Vamos a mais algumas situações que podem gerar dúvida na hora de escrever ou de falar: as expressões que trazem a ideia de quantidade ou percentual e os coletivos.

» Frações formadas pelo número 1, mais decimais: o que rege, o que manda, é o número 1 (singular, claro) e não os números que estão após a vírgula.
1,7 sabe o que quer (e jamais "sabem").
1,5 da diretoria determinou (e não "determinaram").
1,7 bilhão foi investido em infraestrutura.
2,1 sabem o que querem.
3,5 milhões de pessoas querem.

» Percentuais: segundo os gramáticos, é correto concordar com o numeral, mesmo que o termo que o acompanha esteja no singular. A tendência mais atual, entretanto, recomendada por muitos manuais jornalísticos, é que a concordância seja feita com o termo que acompanha o numeral.
25% do eleitorado estão indecisos (menos usual).
ou
25% do eleitorado está indeciso (mais atual).

> Essa questão não existiria se "eleitorado" fosse substituído por "eleitores": 25% dos eleitores estão indecisos.

» Quando o sujeito é formado apenas pelo percentual, este determinará a concordância: 1%, verbo no singular; a partir de 2%, verbo no plural.
Pesquisa com eleitores de São Paulo revela que 30% estão indecisos.
Às vésperas da eleição menos de 1% dos eleitores declarou que anulará o voto.

» Sujeito formado por coletivo: não pense na ideia; foque na palavra. O termo que indica um conjunto (coletivo) é singular e, portanto, o verbo não vai para o plural.
O povo brasileiro vibrou nos estádios com o Hino Nacional cantado sem acompanhamento (a capela).
É bonito ver um cardume subindo o rio.
O bando enfurecido quebrou as vitrines da loja.

FLEXÃO DOS NOMES COMPOSTOS

Os nomes compostos podem ser formados com diferentes termos: um verbo e um substantivo, um substantivo e um adjetivo, dois substantivos, um substantivo e um numeral... Enfim, muitas possibilidades, sem falar na presença ou não da preposição. Cada uma dessas formações tem sua regra para a flexão do plural. Vamos a elas.

» Substantivo + substantivo: substantivos podem ser flexionados quanto ao número; portanto, os dois vão para o plural.
couve-flor — couves-flores
tenente-coronel — tenentes-coronéis

» Substantivo + adjetivo: termos que variam; os dois flexionados no plural, desde que o adjetivo não represente uma restrição, uma especificidade, uma característica particular, um tipo determinado – nesse caso, ele fica no singular:
amor-perfeito – amores-perfeitos
lugar-comum – lugares-comuns

» Substantivo + preposição + substantivo: o segundo substantivo nunca varia, pois representa também alguma especificidade:
estrela-do-mar – estrelas-do-mar
flor-do-campo – flores-do-campo

» Verbo + substantivo: só o substantivo varia; o verbo não, pois traz a ideia de função ou de ação que não se refere especificamente ao substantivo:
guarda-roupa – guarda-roupas (função de guardar, de abrigar)
lava-louças

» Numeral + substantivo: dois termos variáveis; ambos no plural, pois o substantivo acompanha o numeral:
meio-termo – meios-termos
segunda-feira – segundas-feiras

Sem-terra invadem fazenda em Rancharia, interior de São Paulo
Ao menos 200 pessoas, militantes do MST da Base, invadiram na noite dessa quinta-feira, 01, a Fazenda Alice, em Rancharia, na região oeste do Estado de São Paulo. Os sem-terra, liderados por José Rainha Júnior, que rompeu com o MST nacional, chegaram em 30 carros e um caminhão, que transportava madeira para a construção de barracas.

(*O Estado de S. Paulo*, 2-5-2014. Disponível em politica.estadao.com.br. Acesso em 15-6-2014)

Além do fato social, há algum problema com essa notícia? Sim; no título da reportagem há um erro de concordância. Vamos estudar esse caso.

Os compostos formados pela preposição *sem* + *substantivo*, que juntos ganham um sentido novo, não variam: *sem-teto*, *sem-terra*. Mas, se vierem precedidos de artigo, naturalmente o verbo concordará com ele.

Então: "sem-terra *participa*" ou "os sem-terra *participam*"?

As duas formas estão corretas.

Na primeira frase, o sujeito é *sem-terra*, singular. Portanto, verbo no singular: *participa*.

Na segunda, lá está o artigo! *Os* sem-terra *participam*. O artigo plural determina a concordância.

PARA TREINAR

Uma receita equilibrada e saudável
Boas práticas integram o esporte com ações sociais

Ingredientes da boa gestão, na receita mineira da Distribuidora Rio Branco de Petróleo: saber de cor o nome de todos os funcionários, conversar com cada um como se fosse alguém da família, oferecer benefícios visando melhor qualidade de vida e ser reconhecido pela comunidade pelo trabalho social desenvolvido. O resultado prático pode ser medido no desempenho operacional da empresa [...]

(*Valor Carreira*, outubro de 2013)

COMENTÁRIO

"[...] ser reconhecido pela comunidade pelo trabalho" – o sujeito é a distribuidora. Portanto, o particípio deve ir para o feminino: "ser *reconhecida*".

Esse é um problema de concordância bastante comum, infelizmente. Na maioria dos casos acontece por conta da distância entre o sujeito e o verbo.

REGÊNCIA

Dependendo da nossa área de interesse, essa palavra pode evocar coisas aparentemente diferentes. Para os músicos, um maestro regendo sua orquestra; para os que estudam ou se interessam por história, o período da Regência no Brasil, de 7 de abril de 1831 a 23 de julho de 1840, quando o país foi governado por regentes, até que d. Pedro II tivesse declarada sua maioridade e pudesse, então, assumir o trono.

E para nós, que estamos estudando a língua portuguesa, regência é a relação de dependência que se estabelece entre o termo principal ou núcleo de uma construção frasal e o seu complemento. Por exemplo: ir *a* ou *para* algum lugar, brigar *com* alguém ou *por* alguma coisa; ou seja, em determinados casos, o sentido com que o verbo ou o substantivo foi empregado "pede" um complemento e a presença de uma preposição para estabelecer essa relação.

Qualquer preposição? Não! É aí que mora o perigo. As palavras têm significados, conduzem o entendimento, se juntam para formar um sentido maior. E assim como em uma orquestra, essa relação deve ser pertinente ao conjunto dos termos. A escolha da preposição deve considerar o sentido geral da frase. Isso é regência.

Quem assiste aos jogos da Copa na Arena pantanal não se contenta com ficar apenas em Cuiabá.
(*O Globo*, Especial Copa, 23-6-2014)

[...] Agora, os investigadores estão debruçados em ouvir escutas telefônicas autorizadas pela Justiça, muitas delas em inglês e francês.
("A Copa no Brasil, ligações perigosas", em *O Globo*, Especial, 5-7-2014)

Dois pequenos trechos de notícias publicadas durante os jogos da copa e duas faltas contra a gramática:

Contenta com ficar é, no mínimo, uma construção deselegante. Se considerássemos a regência exclusivamente em relação ao verbo *contentar*, a preposição *com* seria natural. Veja o exemplo:

Contento-me com um almoço frugal.

Mas é preciso entender o conjunto da frase como uma orquestra e, em relação ao verbo *ficar*, a preposição usada não é adequada ao sentido. Fica-se *com* alguma coisa, mas ficamos *em* algum lugar. Assim, a melhor construção seria "contenta *em* ficar".

Já em *debruçados em ouvir*, a falta é um pouco mais grave. Para o verbo debruçar, no sentido de se dedicar, a melhor regência seria *sobre*. O uso da preposição *em* acompanhando o verbo debruçar é admitido quando o complemento traduz uma ideia de local físico ou de uma inclinação:

Debruçou-se na janela.
As uvas debruçavam-se em grandes cachos maduros.

No texto, a construção mais apropriada seria: "Agora, os investigadores estão debruçados *sobre* as escutas" ou, melhor ainda, "Agora os investigadores dedicam-se a ouvir as escutas telefônicas".

Percebe como a regência envolve o conjunto dos termos e o sentido da frase?

Parece difícil, mas não mais do que um conjunto de músicos tocar instrumentos diferentes em total harmonia. Continuando o paralelo com a música, podemos dizer que, na gramática, a regência também é uma questão de ouvido, de ensaio de orquestra. Preste atenção, leia o que escreveu; você vai sentir se alguma coisa desafinou. Treine bastante, vale a pena.

A seguir, um quadro com as regências de alguns verbos que costumam criar embaraços:

Verbo	Transitivo direto	Transitivo indireto	Observação
Aspirar	Aspiro o perfume. (sentido de cheirar)	Aspiro ao cargo. (sentido de desejar)	Esse verbo sempre pede um complemento.
Assistir	A enfermeira assiste o doente. (sentido de ajudar, socorrer)	Assistiu ao desfile das escolas de samba. (sentido de ver, presenciar)	
Conceder	A empresa concedeu um aumento extra. (dar) O patrão concedeu a licença. (permitir)	O juiz concedeu em que a queixa fosse retirada. (concordar)	
Implicar	A violência implica medidas de segurança. (ter consequência) A ginástica olímpica implica muito treino. (requer) As descobertas implicam grandes benefícios. (trazer, ser a causa)	Implicava com os colegas. (sentido de antipatizar)	Implicar pode ter dois complementos – um direto e outro indireto: A delação o implicou em novos crimes.
Visar	Visar o alvo. (mirar) Visou os documentos. (dar visto)	As medidas visam ao controle da inflação. (ter como objetivo) Ela visa ao cargo. (almejar)	

É claro que o aprendizado da língua portuguesa envolve muitos outros conteúdos, mas a proposta deste livro não é ensinar o português. Relembrar alguns aspectos importantes da norma-padrão é importante para reforçar o hábito de uma leitura mais crítica e facilitar a redação e revisão de textos.

uma questão de foco

A segunda competência avaliada nas redações do Enem é a capacidade de se construir um texto coerente e bem fundamentado. Portanto, na avaliação dessa competência será observado se a redação traz informações sólidas, consistentes, de autoria evidente do candidato, e se obedece às regras de uma dissertação argumentativa (dentre algumas, a expressão de opinião a respeito do tema). São considerados desvios, na apreciação dessa competência: abordagem superficial do tema, argumentação frágil, texto previsível e paráfrase – que é quase uma repetição dos textos motivadores – da forma ou da ideia.

FOCO

Foco pode ser descrito como ponto de convergência, ponto de reunião, centralidade, concentração, atenção, sintonia. E, no caso desta competência, qual deve ser o foco ou o ponto central das atenções? O tema? Sim, sem dúvida. Mas não de uma forma autônoma ou numa visão independente. O foco do candidato tem de ser o comando da redação. Ele é que explica qual deve ser a abordagem do tema, ele é que define o formato de resposta que a banca espera do candidato.

Para trabalhar melhor a questão do foco vamos voltar ao comando da redação do Enem de 2011, que vimos no capítulo 1, sobre a importância e o peso da redação. Observe:

> Com base na leitura dos textos motivadores seguintes e nos conhecimentos construídos ao longo de sua formação, redija texto dissertativo-argumentativo em norma padrão da língua portuguesa sobre o tema VIVER EM REDE NO SÉCULO XXI: OS LIMITES ENTRE O PÚBLICO E O PRIVADO, apresentando proposta de conscientização social que respeite os direitos humanos. Selecione, organize e relacione, de forma coerente e coesa, argumentos e fatos para defesa de seu ponto de vista."

A primeira informação a destacar é que a redação deve ser construída com base na leitura dos textos motivadores e nos conhecimentos de vida do candidato. Esses conhecimentos particulares é que vão garantir originalidade à redação, além da intervenção, que é a visão pessoal do candidato sobre o tema tratado. Já sabemos também que o texto deve ser dissertativo-argumentativo em norma-padrão da língua portuguesa, e que o candidato deve apresentar proposta de conscientização social relacionada ao tema. Agora vamos prestar atenção nos verbos usados no comando: selecionar, organizar e relacionar argumentos e fatos.

» SELECIONAR: escolher, separar, classificar são alguns verbos relacionados ao verbo empregado no comando, que indicam um sentido de julgar o que é pertinente, de juntar elementos para um determinado fim; ou seja, dentre as possibilidades de argumentos que sirvam de base à sua posição, o autor deve destacar alguns que considere mais relevantes.

» ORGANIZAR: compor, arrumar, colocar em ordem, fazer a síntese são alguns dos sentidos correlatos do verbo organizar, ou seja, os argumentos e fatos selecionados devem ser organizados e articulados.

> » RELACIONAR: referir-se, estar em conexão, associar, ligar. Os fatos e argumentos selecionados e organizados devem ter uma relação, uma equivalência ou compatibilidade, e o autor deve mostrar como eles se relacionam (causa e consequência, desdobramento ou até mesmo oposição). Ao relacionar, o autor já está encaminhando sua visão pessoal sobre o tema. Sua intervenção será o resultado da seleção, da organização e da relação que ele consegue estabelecer entre os fatos e argumentos.

concisão

Muitas vezes intercalamos no texto explicações longas ou mesmo desnecessárias, e damos voltas em torno das ideias, com dificuldade para encontrar um caminho mais objetivo. Mas isso é natural; nem sempre temos tudo já claro antes de começar uma redação. Assim, hesitamos sobre a melhor forma de iniciar o texto, custamos a encontrar o rumo para desenvolver as ideias e até mesmo para finalizar a redação. Dependendo da pressão ou da dificuldade que o assunto apresente, essa insegurança aumenta, é claro. Mas ela pode e deve ser vencida, e a regra de ouro para um texto claro e conciso é a revisão.

> Mesmo para quem tem o hábito de escrever, a hesitação – ao começar um texto, sobretudo os formais ou profissionais – é muito comum. E esse sentimento de insegurança pode dificultar a escrita. Por isso, uma boa dica – se você tiver tempo, claro – é deixar fluir o pensamento, ainda que de uma forma desorganizada, e depois que passar a confusão inicial, com as ideias já expressas, então estruturar e completar a redação.

Na revisão e edição é que podemos avaliar se há excessos, faltas e falhas. Mas o que se deve cortar para evitar um texto frouxo?

CLICHÊS E ABERTURAS REBUSCADAS

Do ponto de vista do estilo, clichê equivale a chavão ou lugar-comum. Muitas vezes usamos clichês de forma espontânea, sem perceber exatamente o seu significado, pois fazem parte de um repertório familiar, de uma maneira mais simples de proporcionar entendimento. Mas essas expressões vazias em geral são vistas como banalidades ou barreiras para a originalidade, não só nos textos como também na expressão oral, e, por isso, são consideradas desvios em termos de concisão. Abaixo, alguns exemplos de clichês ou chavões.

A toque de caixa
Abrir com chave de ouro
Agradar a gregos e troianos
Antes de mais nada
Arrebentar a boca do balão
Até debaixo d'água
Bater na mesma tecla
Caindo pelas tabelas
Caixinha de surpresas
Com o rei na barriga
Costurar um acordo
De dar água na boca
Debruçar-se sobre um tema
Detonar um processo
Dispensar apresentações
Do Oiapoque ao Chuí
Escoriações generalizadas
Estrondoso sucesso
Fortuna incalculável
Ir por água abaixo
Levantar acampamento
Mexer num vespeiro
No apagar das luzes
Pegar o bonde andando
Pensar com os seus botões
Pergunta que não quer calar
Pisar na bola
Preencher uma lacuna
Prejuízos incalculáveis
Requintes de crueldade
Sede de vingança
Tirar a barriga da miséria
Vestir a camisa
Visivelmente emocionado
Vitória esmagadora
Vivendo e aprendendo

A lista pode ser completada com muitas outras expressões. Pense e registre-as. Assim, se alguns desses lugares-comuns surgirem no seu texto, e você tiver oportunidade, lembre-se de descartá-los na revisão.

Outras fórmulas prontas, que não acrescentam qualquer informação útil, são algumas aberturas e finalizações usadas em cartas comerciais, como:

Vimos por meio desta...

É com imensa satisfação que nos dirigimos à V. Sa...

Gostaríamos de informar que, por meio de nosso Departamento de Comunicação, serão disponibilizadas as novas orientações... (Vá direto ao ponto!)

Sem mais para o momento, subscrevemo-nos...

Agradeço sua resposta...

FECHOS VAZIOS E EMPOLADOS

É simpático tentar dar um fechamento mais amigável, ou que reforce algo do que foi dito, mas, assim como a abertura, a finalização deve ser atraente e interessante para o leitor. Evite, sempre, os chavões de despedida, como:

Com a certeza de termos atendido à solicitação e no intuito de...

Permanecemos sempre à disposição para quaisquer outros esclarecimentos adicionais ou informações que se façam necessárias...

Servimo-nos ainda da presente para manifestar os nossos agradecimentos pela atenção dispensada...

Na falta de alguma coisa interessante, despeça-se com um simples "atenciosamente" ou "cordialmente".

ADJETIVOS E ADVÉRBIOS

Um vício que se deve evitar é o excesso de adjetivos usados com o intuito de enriquecer a descrição. Lembre-se: se não acrescentarem nada de relevante à informação, não enriquecem, mas, sim, empobrecem! Veja um exemplo desses excessos.

> No Jockey o show não pode parar
>
> O final de semana que passou foi de fascínio e satisfação para todos que amam o cavalo Puro-Sangue Inglês no Jockey Club Brasileiro. Afinal, com mais uma apresentação majestosa, o "Príncipe Negro", Bal A Bali (Stud Alvarenga), tornou-se o fácil vencedor do Grande Prêmio Francisco Eduardo de Paula Machado (G1) – 2ª Etapa da Tríplice Coroa de Produtos. Logo em seguida, a craque Brilhantíssima (Haras Santa Maria de Araras) conseguiu êxito lindo e convincente no tradicionalíssimo Grande Prêmio Diana (G1) – 2ª Etapa da Tríplice Coroa de Potrancas. [...]
>
> (*O Globo*, Projetos de Marketing – Jockey Club Brasileiro, 21-2-2014)

Mesmo sendo uma peça de divulgação, o excesso de adjetivos e superlativos compromete o estilo do texto, tornando-o forçado: "conseguiu êxito lindo e convincente no tradicionalíssimo" é demais para o que se pretende – simplesmente dar uma notícia de um cavalo vencedor em um concurso importante no Rio de Janeiro.

PARA TREINAR

Ação da polícia em Niterói termina com seis mortos
Policiais frustraram tentativa de roubo a um carro-forte

Uma ação da polícia civil terminou ontem com seis mortos no Largo da Batalha, em Niterói. Ela começou a ser planejada ainda de manhã, na

Cidade da Polícia, no Jacarezinho, a quase 25 quilômetros dali. Policiais da Coordenadoria de Recursos Especiais (Core) e da Delegacia de Roubos e Furtos (DRF) foram acionados pouco depois das 10h para interceptar uma quadrilha que planejava assaltar um carro-forte. Os bandidos sabiam exatamente a rota do veículo, informação obtida pela polícia através de escutas telefônicas. [...]
Para a ação, a polícia utilizou a técnica conhecida como Cavalo de Tróia: no carro-forte, não havia qualquer dinheiro, mas apenas três policiais. Para a ação, foram colocados ainda pelo menos dois atiradores de elite da Core no alto de um prédio de três andares.

(*O Globo*, 27-2-2014)

COMENTÁRIOS

"Ela começou a ser planejada ainda de manhã, na Cidade da Polícia, no Jacarezinho, a quase 25 quilômetros dali."

Dali, onde? O Largo da Batalha fica distante 25 km do Jacarezinho? A operação foi em Niterói e no local conhecido como Cidade da Polícia, no Rio de Janeiro, e isso não fica claro para quem não conhece as cidades. Ainda que a informação não seja relevante, pois não importa onde foi planejada a ação, esse é um desvio grave de contextualização.

"Os bandidos sabiam exatamente a rota do veículo, informação obtida pela polícia, através de escutas telefônicas."

O uso do termo *através* não é adequado nesse contexto. Através tem o sentido de atravessar – "olhar através da vidraça".

"Para a ação, a polícia utilizou a técnica conhecida como Cavalo de Tróia: no carro-forte, não havia qualquer dinheiro, mas apenas três policiais. Para a ação, foram colocados ainda pelo menos dois atiradores de elite da Core no alto de um prédio de três andares."

Cavalo de Troia não é uma técnica e sim uma estratégia. Com a reforma ortográfica, a palavra Troia não tem mais acento. Repetição desnecessária de "para a ação".

"Pelo menos dois atiradores"

A notícia conta um fato já ocorrido. A informação, descontextualizada, deveria ser mais precisa. Se fossem pelo menos cem, a imprecisão seria justificável.

PROPOSTA DE EDIÇÃO

Uma ação da polícia civil, no Largo da Batalha, em Niterói, terminou ontem com seis mortos. Policiais da Coordenadoria de Recursos Especiais (Core) e da Delegacia de Roubos e Furtos (DRF) foram acionados pouco depois das 10h para interceptar uma quadrilha que planejava assaltar um carro-forte. Segundo informações obtidas por meio de escutas telefônicas, os bandidos sabiam exatamente a rota do veículo. [...]

Para a ação, a polícia utilizou a tática "cavalo de Troia": dentro do carro-forte não havia qualquer dinheiro e sim três policiais. Para garantir a operação, atiradores de elite da Core se posicionaram no alto de um prédio de três andares.

O fato era quase banal; não havia necessidade de tanto texto para contá-lo. Na versão integral, a notícia ocupava uma coluna inteira. Lembre-se: a concisão é uma virtude.

Vamos analisar outro texto tirado de jornal:

Pediatras se reúnem em Belém para dois congressos inéditos no Pará

[...] Durante a programação, mais de 20 profissionais de referência nacional discutirão com pediatras locais sobre aleitamentos maternos, pediatria ambulatorial, desenvolvimento infantil e terapia intensiva, além de uma aula prática de emergência pediátrica. Até ontem, 300 profissionais se inscreveram nos congressos, mas os interessados ainda podem se inscrever no local. A cada mil recém-nascidos, em torno de 20 morrem no Pará – número que supera a média nacional, que é de 14 para o mesmo grupo.

A presidente da Sociedade Paraense de Pediatria, Regiane Cavalcante, destaca a importância de debater esses temas com pediatras paraenses, pois o Estado, segundo ela, está entre os três maiores índices de mortalidade infantil do Brasil. [...]

(*O Liberal*, Cidades, 16-6-2014)

COMENTÁRIOS

O primeiro parágrafo apresenta um corte brusco do assunto, prejudicial ao estilo e à fluência do texto.

Os dados sobre a mortalidade, inseridos sem explicação no parágrafo que trata das inscrições no congresso de pediatria, justificam-se apenas no segundo parágrafo, e seria mais coerente deslocar a informação. Deduz-se que a mortalidade infantil é mais um dos temas do encontro, mas isso não está dito de forma clara, já que a enumeração dos assuntos não contempla esse aspecto.

"Até ontem, 300 profissionais se inscreveram nos congressos, mas os interessados ainda podem se inscrever no local."

O uso do conectivo mas – que tem o sentido de oposição, ideia divergente – é inadequado, uma vez que não há oposição ou conflito entre as duas afirmações. Nesse caso seria melhor usar a conjunção *e*.

É bastante comum o uso do mas com sentido de adição, porém quando se exige observância aos aspectos gramaticais deve-se evitar esse uso.

PROPOSTA DE EDIÇÃO

> Pediatras se reúnem em Belém para dois congressos inéditos no Pará
> [...] Durante a programação, mais de 20 profissionais, que são referências no país, discutirão com pediatras locais temas como: aleitamento materno, pediatria ambulatorial, desenvolvimento infantil e terapia intensiva e mortalidade infantil no Pará, tema relevante para o estado. Os participantes poderão ainda assistir a uma aula prática de emergência pediátrica. Até ontem, havia 300 profissionais inscritos nos dois congressos, e os interessados ainda podem se inscrever no próprio local.
> Dados oficiais revelam que, no Pará, a cada mil recém-nascidos cerca de 20 morrem, número que supera a média nacional de 14 mortes a cada mil nascimentos. Segundo a presidente da Sociedade Paraense de Pediatria, Regiane Cavalcante, é muito importante debater esse tema com pediatras paraenses, pois o índice paraense de mortalidade infantil é um dos três maiores do Brasil.

DUPLA NEGATIVA

Na matemática, a regra é clara: "menos com menos dá mais". Já na língua portuguesa a dupla negação não implica um discurso menos lógico ou uma necessária afirmação, como ocorre no inglês. Tanto na linguagem coloquial quanto nos textos jornalísticos e até mesmo nos literários, encontraremos construções como "não vimos ninguém lá" ou "não fiz nada".

Porém, sob o prisma da construção formal, especialmente a exigida em concursos oficiais, a dupla negação (*não* e *ninguém/não* e *nada*) não costuma ser admitida, pela possibilidade de prejudicar a coerência do texto. Assim, para evitar problemas, o termo que tem o sentido negativo deve ser substituído por outro quando houver um *não* antes do verbo:

Não vimos ninguém lá – não vimos qualquer pessoa lá.
Não fiz coisa nenhuma ontem – não fiz coisa alguma ontem.

Sem resposta nos processos seletivos

Quem está atrás de uma vaga provavelmente já passou por isso. Depois de participar do processo seletivo, dificilmente recebe retorno da empresa. O Curriculum, um dos principais sites de emprego da América Latina, realizou uma pesquisa com mais de 9 mil profissionais sobre feedback. Os resultados mostram que 91% dos entrevistados não recebem nenhuma resposta sobre sua participação numa entrevista de emprego.

Entre os que receberam retorno, o tempo médio de espera foi de até uma semana. Quando a resposta é negativa, 72% dizem não ter recebido explicações. Para pouco mais de metade dos entrevistados, o retorno demostra respeito a quem participou de entrevista, 15% pensam que é ideal para não persistir no erro e outros 15% afirmam que é para saber se têm chances numa futura oportunidade.

(*Zero Hora*, ZH Dinheiro, 15-6-2014)

Mais do que um problema de estilo, a falta de resposta noticiada no texto acima é falta de educação. Entretanto, de um ponto de vista mais formal e conservador em termos de coerência, em vez de "não recebem nenhuma resposta" seria melhor dizer: "não recebem qualquer resposta".

Existe, porém, uma situação em que a dupla negação pode, sim, causar ambiguidade e problemas. É o caso dos verbos que têm sentido negativo, como evitar, impedir e negar ou indeferir, por exemplo. Quando esses verbos são acompanhados de outra negativa, fatalmente o sentido será alterado e a lógica será prejudicada. Então muito cuidado. Veja exemplos desse equívoco.

Usando sua autoridade, o policial evitou que os manifestantes não invadissem o prédio.

Conclusão: o policial ajudou os manifestantes a invadir o prédio!

Não seria possível não impedir a derrubada de algumas árvores durante a obra.

COMENTÁRIO

O segundo *não* está sobrando. Não seria possível impedir, ou seja, fatalmente algumas árvores seriam derrubadas.

Então aí vai um conselho: cuidado com o excesso de negativas. Elas podem prejudicar a compreensão do texto, como no exemplo abaixo:

> Tudo começou com uma encomenda – feita pelo governo italiano, no âmbito das comemorações dos então 700 anos do nascimento do poeta Dante Alighieri (1265/1321): criar 100 aquarelas, para cada um dos poemas épicos que compõem a obra mais icônica do autor florentino, "A Divina Comédia".
> Mas não seria Salvador Dalí, o gênio a receber tal incumbência, a não deixar, no resultado final, também a sua marca. A boa notícia é que os desenhos do artista espanhol..."

(*HOJEMDIA*, Domingo, Belo Horizonte, 13-7-2014)

Afinal, Dalí pintou ou não as aquarelas? Pintou, sim.

objetividade com criatividade

Até agora, neste capítulo, tratamos de dois quesitos básicos para um bom desempenho na avaliação da segunda competência exigida pelo Enem: foco e concisão. Mas não basta ser preciso e objetivo; é necessário ser também original e criativo. É isso que o Enem e a vida pedem.

Ao estruturar a redação é imprescindível defender uma tese com argumentos que provem sua validade e apresentar sua posição sobre o assunto, sem sair da temática proposta, que é o ponto central da tese a ser defendida. Mas o tema deve ser desenvolvido sem repetir ou reproduzir as ideias contidas nos textos motivadores, que estão ali apenas como ponto de partida, para servir de estímulo às ideias que o autor do texto já deve ter sobre o assunto, a partir de suas leituras e de suas experiências de vida, e que precisam ser apresentadas de modo original.

E no quesito originalidade, é preciso não esquecer que a paráfrase – texto que procura objetivar e esclarecer aquilo que já se foi dito em outro texto – não é um bom caminho. Por que não? Por se tratar de um recurso pobre e previsível.

Na hora da prova de redação, ao se ler o tema, é natural, como já dissemos anteriormente, que várias ideias venham à cabeça; caso a pessoa tenha dificuldade em organizar seus pensamentos, ela tenta escapar do pseudoperigo repetindo (e achando que a está modificando) alguma informação contida nos textos motivadores. Observe:

> Qual o objetivo da Lei Seca ao volante?
> De acordo com a Associação Brasileira de Medicina de Tráfego (Abramet), a utilização de bebidas alcoólicas é responsável por 30% dos acidentes de trânsito. E metade das mortes, segundo o Ministério da Saúde, está relacionada ao uso do álcool por motoristas. Diante deste cenário preocupante a Lei 11.705/2008 surgiu com uma enorme missão: alertar a sociedade para os perigos do álcool associado à direção.
> Para estancar a tendência de crescimento de mortes no trânsito, era necessária uma ação enérgica. E coube ao Governo Federal o primeiro passo, desde a proposta da nova legislação à aquisição de milhares de etilômetros. Mas para que todos ganhem, é indispensável a participação de estados, municípios e sociedade em geral. Porque para atingir o bem comum, o desafio deve ser de todos.

O trecho acima foi extraído do primeiro texto motivador da prova do Enem de 2013, cujo tema foi: "Efeitos da implantação da lei seca no Brasil". É preciso ler e entender a proposta do texto, sem reproduzir informações tiradas dele, mesmo modificando os termos ou invertendo a ordem. Exemplos:

O uso de bebidas alcoólicas, como comprovam estudos médicos, é responsável por 30% dos acidentes de trânsito.
Consciente de sua responsabilidade, o governo federal deu o primeiro passo, não só formulando a proposta da nova legislação, como adquirindo milhares de etilômetros.

Lembre-se

Para ser criativo, fuja dos clichês; para ser conciso, evite rodeios e expressões vazias; para ser original, não reproduza enunciados dos textos motivadores; e para não perder o foco, não divague. Mantenha-se nos limites do tema proposto.

consistência e coerência

A terceira competência está ligada ao desenvolvimento do conteúdo, à seleção, relação, organização e interpretação de fatos, opiniões e argumentos usados pelo autor para defender seu ponto de vista de modo coerente, articulado e, por que não, elegante. Um aspecto para a coerência é a conexão entre as ideias e também entre as palavras e frases.

Assim, o foco dessa competência está na propriedade do vocabulário e na articulação entre as orações e os termos das frases. Ou seja, o modo como o raciocínio é expresso e conduzido por meio das frases e de seus conectores.

Essa capacidade de articulação da linguagem escrita é que vai demonstrar o raciocínio e o nível de informação do candidato, bem como a aderência do texto ao tema proposto e às exigências do comando.

seleção, organização e relação entre conteúdos

Todo texto – e não só as redações de concurso – deve ser objetivo e eficiente, principalmente os textos profissionais. Para isso, é importante tomar cuidado para que nenhuma informação seja esquecida, para que todos os dados importantes sejam claramente apresentados. Um bom recurso é adotar um roteiro básico que ajuda a estruturar um texto, ou uma apresentação.

No caso da redação para o Enem, o roteiro, de certa forma, é dado pelos textos motivadores, mas quando vamos escrever um memorando, um comunicado, um relatório ou mesmo um e-mail, temos de organizar os objetivos do texto e a sequência lógica das informações:

- » quando;
- » para quem;
- » o quê;
- » por quê;
- » onde.

Se todas essas informações estiverem contempladas, há uma grande chance de se ter um texto eficiente. Observe o exemplo a seguir.

Convite por e-mail
Local e data completa
Para: lista de fornecedores (nomes ocultos)
Assunto: coleção outono/inverno

Caros parceiros,

Estamos dando início ao desenvolvimento de nossa próxima coleção outono/inverno. Para que possamos produzir em melhores condições, gostaríamos de convidá-los para uma apresentação da cartela de cores e dos principais insumos a serem utilizados e conversar sobre as expectativas de prazos, custos e etapas de produção.

Esse encontro está marcado para o próximo dia 20, das 15 às 17 horas, na sede de nossa empresa.

> A participação de cada um dos parceiros e fornecedores no processo de planejamento e desenvolvimento é o que faz a diferença no nosso produto, tornando o trabalho mais agradável e estimulante, e, por isso, contamos com a presença de vocês.
>
> Um abraço,
>
> Assinatura
> Cargo
> No rodapé – o nome da empresa e o endereço.

coerência e pertinência

Para que a argumentação seja contextualizada e pertinente, como exige a terceira competência, é preciso evitar algumas armadilhas. Muitas vezes começamos a expor uma ideia e, na busca de mais argumentos, nos perdemos repetindo o que já foi dito, voltando a um ponto já esclarecido. Às vezes isso pode funcionar, mas em geral representa um grande risco.

Neste capítulo, dedicado à argumentação pertinente e à coerência, vamos ampliar nosso universo de exemplos e análises, pois essa é uma exigência que diz respeito a todos os textos, em especial os profissionais. Por isso, não nos ateremos apenas ao modelo das redações para o Enem.

A seguir analisaremos um trecho do editorial de um jornal de grande circulação, publicado no dia 1º de maio de 2014.

> **A precariedade física da rede escolar**
> É do folclore da política brasileira que governante não gosta de obra que não possa ser vista pelo eleitor. Daí, diz-se com razoável dose de malícia, o vergonhoso atraso no saneamento básico, pois canos e manilhas se escondem debaixo da terra.

> Não é tão simples assim, mas não se discute que certos gastos públicos – ainda mais num país com grandes bolsões de pobreza como o Brasil – costumam dar maior retorno em votos, e em prazo mais curto do que outros. Despesas de cunho assistencialista, sem discutir sua necessidade, estão neste caso, enquanto despesas estratégicas para o futuro da sociedade, porém de lenta maturação, tendem a ficar em segundo plano. Infelizmente, a Educação é um exemplo. Virou lugar-comum na vida pública nacional apoiar investimentos em escolas, no aprimoramento do professorado e assim por diante. Desde a Era FH, passando pelos governos do PT (Lula e Dilma), têm sido feitos esforços no setor. Mas alguns levantamentos são desanimadores.
>
> Informações coletadas pelo Movimento Todos pela Educação mostram, por exemplo, que apenas 4,2% das escolas da rede pública têm toda a infraestrutura estabelecida como adequada pelo Plano Nacional de Educação (PNE) – pouco mais de seis mil em 151 mil estabelecimentos. Uma indigência assustadora. No período de 2009 ao ano passado, houve um aumento de apenas 1,09 ponto percentual no número de escolas minimamente adequadas do ponto de vista dos equipamentos.
>
> A penúria não é constatada apenas em itens mais "modernos", digamos, como computadores. É de pasmar, mas dados do Censo Escolar do ano passado, pesquisou O GLOBO, denunciam a existência de 8,2 mil escolas sem luz elétrica.
>
> (*O Globo*, 1-5-2014)

Apesar do título sobre educação, o texto começa falando do apreço dos políticos brasileiros por obras que aparecem e trazem votos e, na sequência, exemplifica com o tema saneamento básico, cujas obras são subterrâneas e portanto não visíveis pelos eleitores. O exemplo é coerente com a afirmação anterior. Até aqui, tudo bem...

Em seguida, mantendo a relação entre a visibilidade de investimentos e a conquista de votos, o texto cria uma divisão entre as prioridades dos "bolsões de pobreza", que demandariam programas assistencialistas, e as "despesas estratégicas para o futuro da sociedade", que por não serem perceptíveis pelos eleitores ficariam em segundo plano.

O texto é um editorial e, portanto, um espaço adequado para o redator responsável expressar a posição política ou ideológica do jornal. Sendo assim, não cabe nenhum tipo de comentário a esse respeito. Entretanto, fixando nossa atenção nas questões de concisão e coerência, vemos que somente no terceiro parágrafo, finalmente, entra em cena a educação anunciada no título. Depois de citar os esforços feitos nos últimos vinte anos (desde o governo de Fernando Henrique Cardoso até o de Dilma Roussef), o texto afirma que os resultados apresentados pelo Movimento Todos pela Educação são desanimadores:

» apenas 4,2% das escolas da rede pública têm toda a infraestrutura estabelecida como adequada pelo Plano Nacional de Educação (PNE) – pouco mais de 6 mil em 151 mil estabelecimentos;
» entre 2009 e 2013, o número de escolas minimamente adequadas do ponto de vista dos equipamentos aumentou somente 1,09%;
» dados do Censo Escolar de 2013 revelam que existem 8,2 mil escolas sem luz elétrica.

Além do longo desvio para tratar do assunto em pauta, a coerência da argumentação fica prejudicada, uma vez que os problemas relativos à educação apresentados no texto são todos referentes a instalações prediais e equipamentos, tornando mais frágil o suposto conflito entre investimentos visíveis e despesas estratégicas, ponto de partida da argumentação.

Para garantir a coerência é preciso ter foco no roteiro traçado e objetividade. Saber selecionar os fatos e argumentos capazes de demonstrar a opinião do autor e testar a articulação entre eles, antes de validar a lógica das conclusões.

Isso não quer dizer que não se possa recorrer a exemplos trazidos de outras áreas que possam ajudar a contextualizar o assunto. Mas é preciso que eles tenham efetivamente uma função no texto.

paralelismo sintático

No exemplo anterior, vimos que desvios no encadeamento lógico entre os fatos e argumentos podem comprometer a coesão e o estilo de um texto. Naquele caso os problemas apontados referiam-se à articulação dos argumentos e ao paralelo estabelecido entre as situações citadas.

Mas existem outros problemas de construção, articulação e simetria que podem comprometer bastante a qualidade do texto. Estamos falando da organização dos parágrafos e da interligação entre eles para formar uma sequência lógica e um todo coerente. Ou da simetria não entre as ideias como também na forma. É o que chamamos de paralelismo.

O princípio do paralelismo sintático estabelece que deve haver um equilíbrio formal e, para que a informação não fique truncada, os elementos coordenados da frase (que desempenham a mesma função) devem ter uma estrutura gramatical similar. Observe o texto abaixo:

> Um dos bancos multados pelo Procon está pagando as multas que foram lavradas pela falta de biombos junto aos caixas e o tempo maior de atendimento aos clientes nas filas, conforme preceitua a lei. Cada infração, depois da advertência, para cada pessoa em que o banco demorou, o estabelecimento paga 6 mil reais."
>
> (*Tribuna*, Ribeirão Preto, 24-6-2014)

Fica difícil de entender, não? A informação básica é o pagamento de multas por duas formas de infração cometidas por um determinado banco, mas as frases estão desconectadas.

Para conseguir um encadeamento existem recursos úteis, como os conectivos que trazem a ideia de adição, além dos pares correlativos tanto... como; seja... seja; antes... que; não só... mas também, que geram uma expectativa de simetria ou de construção paralela. Veja como ficaria a mesma notícia usando um desses recursos:

> Um banco já está pagando as multas aplicadas pelo Procon tanto pela falta de divisórias entre os caixas, como estabelece a lei, quanto pelo tempo de permanência na fila de atendimento. O valor da infração é de 6 mil reais por cliente não atendido no prazo determinado.

Mas atenção, é preciso que a expectativa de paralelismo seja atendida, pois muitas vezes encontramos essas expressões usadas de forma inadequada. Veja alguns exemplos:

> Não se trata só de alertar a população para o consumo consciente ou que as represas recuperem seu nível de água.

Houve uma quebra no paralelismo, uma vez que os dois elementos coordenados não têm a mesma estrutura sintática: de alertar a população/ ou que as represas recuperem. Para estabelecer a simetria o melhor seria:

> Não se trata só <u>de alertar</u> a população para o consumo consciente ou <u>de recuperar</u> o nível de água das represas.

Veja outro caso:

> Quanto mais ele lê e estuda, as chances de fazer uma boa prova aumentam.

Quanto mais... mais (ou menos). Na frase acima, o paralelismo semântico ficou preservado, ou seja, a ideia de progressão ou de consequência foi transmitida, mas houve uma quebra no nível sintático. A construção mais adequada seria:

> Quanto mais lê e estuda, mais aumentam as chances de fazer uma boa prova.

Ainda mais um exemplo:

> Prefiro ir ao cinema a conversas e chopes em bares.

A preferência variou entre um verbo (ir) e dois substantivos (conversas e chopes), o que também caracteriza uma quebra no paralelismo sintático. Dê preferência a classes iguais:

Prefiro ir ao cinema a conversar e beber em bares.
Prefiro um bom filme a conversas e chopes em bares.

CONECTORES E ORAÇÕES

Outros elementos fundamentais para o paralelismo são os conectores, ou conectivos, que fazem a ligação entre as ideias, dão o tom, evidenciam a relação entre as frases e ajudam a dar coesão ao texto. O uso adequado dos conectivos é imprescindível para a coesão e a coerência. Sem essas palavrinhas "mágicas" o texto costuma ficar duro, entrecortado ou até mesmo sem sentido.

As conjunções e outras partículas de ligação desempenham diferentes papéis e servem para organizar o fluxo das ideias, para conduzir o sentido e orientar a leitura. Elas podem indicar uma contestação, que inverte ou altera uma afirmação feita, sinalizar adições e reforços a uma ideia e fazer concessões ou criar alternativas. São usadas para ligar as orações, coordenando as construções independentes (orações coordenadas), ou para mostrar a relação de subordinação a uma ideia principal, no caso das orações subordinadas.

CONJUNÇÕES COORDENATIVAS

Diz-se que as orações são coordenadas quando não há uma relação de dependência entre elas, ou seja, quando uma não depende da outra para completar o sentido. Mas, mesmo mantendo um sentido independente, elas podem estar articuladas para formar uma ideia mais completa. Muitas vezes essa articulação é feita por meio das conjunções, que complementam, ampliam, explicam ou até mesmo contrariam as afirmativas da outra oração. Por exemplo:

O Brasil jogou muito bem, e a torcida comemorou com entusiasmo.

Apesar de cada oração ter um sentido completo, elas estão ligadas pela conjunção *e*, que por isso é chamada de conjunção coordenativa. Ela também pode ligar duas palavras da mesma oração:

Brasil e México empataram, mas o Brasil passou em primeiro lugar para as oitavas de final.

As conjunções coordenativas se classificam de acordo com a função ou o sentido que emprestam à oração.

» Aditivas – como o próprio nome sugere, têm o sentido de soma, de acréscimo: *e*, *nem* (e não), *também*.
Fomos ao cinema no shopping e aproveitamos para fazer umas comprinhas.
Ele não perguntou nada, nem eu dei qualquer explicação.

» Adversativas – contrariam a afirmativa anterior, indicam uma situação adversa. São elas: *mas, porém, contudo, todavia, no entanto, entretanto.*
Queria um dia de sol, mas choveu desde cedo.
A reunião está marcada para amanhã, porém alguns ainda não confirmaram.
Torcemos por uma boa audiência, contudo muitos convites não foram enviados a tempo.

» Alternativas – apresentam uma opção, uma alternância ou uma exclusão: *ou, ora… ora, já… já, quer… quer…*
Ou ele se esforça para estudar, ou vai tirar uma nota baixa.
Ora chora, ora ri de tanta emoção.
Quer chova, quer faça sol, ela não desistirá do passeio.

» Conclusivas – completam e fecham o enunciado da oração anterior: *logo, portanto, pois*.
Desempenham a mesma função as locuções: *por isso, por conseguinte, pelo que*.
Penso, logo existo.
Não foi aprovado, por isso matriculou-se num curso preparatório.
O réu foi condenado, por conseguinte continuará preso.

» Explicativas – acrescentam uma justificativa, esclarecem a proposição da oração anterior: *que, pois, porque, porquanto*.
Vou logo cedo, porque pretendo voltar no mesmo dia.
Não jogou, pois estava machucado.

E o casal brigão mora ao lado
O que vizinhos e síndicos podem fazer, em caso de racha entre marido e mulher

Fim de semana de sol. Piscina do prédio cheia e, de repente, peças de roupas começam a cair do céu. O motivo, todos logo percebem... é que entre os banhistas há um casal, enamorado, diferente... um vizinho e sua amante, também moradora do condomínio. Alertada, a mulher dele não tem dúvidas. Do alto do 10º andar, do apartamento em que moram, ela começa a jogar as roupas do futuro ex-marido: camisas, calças e até cuecas vão caindo nas varandas dos andares inferiores, na churrasqueira e, claro, na área da piscina. Até uma mala é jogada. Ao marido infiel, resta juntar suas coisas e sair de fininho, enquanto seus vizinhos não conseguem esconder o riso.

Parece esquete de comédia pastelão, mas aconteceu num condomínio da Barra da Tijuca, no Rio. E mostra bem como a intimidade de um casal pode acabar invadindo a vida dos outros moradores. Mas o que pode ser feito nessas horas? O que está certo ou errado?

(*O Globo*, Morar bem, 15-6-2014)

Notamos que o bom uso de diversos conectivos dá ritmo à narrativa, encadeando as ideias e conduzindo a ação. Mas o que aconteceria se as conjunções coordenativas fossem suprimidas? Vamos ver:

> Fim de semana de sol. Piscina do prédio cheia. Peças de roupas começam a cair do céu. O motivo, todos logo percebem. Entre os banhistas há um casal, enamorado, diferente... um vizinho e sua amante, também moradora do condomínio. Alertada, a mulher dele não tem dúvidas.
> Do seu apartamento no 10º andar, ela começa a jogar as roupas do futuro ex-marido: camisas, calças, cuecas vão caindo nas varandas dos andares inferiores, na churrasqueira, na área da piscina. Até uma mala é jogada. Ao marido infiel, resta juntar suas coisas. Sair de fininho. Seus vizinhos não conseguem esconder o riso.

Perceba como o texto fica empobrecido e entrecortado. Como a narrativa perde a cadência. Esse é um bom exercício. Diante de um texto muito pontuado, sem ligação, experimente reescrevê-lo usando mais conectivos e conjunções.

CONJUNÇÕES SUBORDINATIVAS

Nos períodos formados por subordinação, isto é, por orações que dependem uma das outras por desempenharem papéis complementares, as conjunções que assumem determinadas funções em relação à oração principal são chamadas de conjunções subordinativas. Elas classificam-se em:

» **CAUSAIS:** estabelecem uma relação de causa e de resultado: *porque, como, uma vez que, já que*, etc.
  Conquistou a vaga, uma vez que preenchia todos os requisitos.
  Como passou com mérito no concurso interno, foi promovido.

» **COMPARATIVAS:** iniciam as orações adverbiais que apresentam uma comparação com o que foi determinado na oração principal: *mais/*

menos, maior/menor, melhor/pior, tanto/quanto, tal/qual, assim como, como se.

Andava sem rumo, como se estivesse em transe.
Quanto mais se explicava, pior ficava sua situação.
Mais importante que ganhar é competir.

- **CONCESSIVAS:** contrariam uma afirmação ou ideia, trazendo nova possibilidade: *embora, ainda que, apesar de, por mais que.*
Embora chovesse muito, o time treinou com garra.
Conseguiu matricular-se, apesar de chegar atrasado.
Por mais que duvidassem, ele passou de ano.

- **CONDICIONAIS:** estabelecem uma condição para o que foi enunciado na oração anterior: *caso, se, contanto que, desde que.*
Podemos encerrar mais cedo, se tudo ficar pronto.
Caso ele se recupere, jogará a próxima partida.
Disse que irá à festa, desde que receba o convite.

- **CONFORMATIVAS:** mostram que alguma coisa saiu como esperado: *conforme, segundo, como, consoante.*
Conforme foi avisado, hoje não haverá aula.
Consoante a sentença do juiz, a posse foi indeferida.

- **CONSECUTIVAS:** iniciam oração adverbial que indica consequência: *tal, tamanho, tanto... que, de forma que, de maneira que, de modo que.*
De tanto que gritou ontem, hoje está sem voz.
Não deve voltar, tamanha foi sua decepção.

- **FINAIS:** iniciam orações que indicam uma finalidade, um objetivo: *a fim de que, para que, porque.*
Fez um sinal para que ela se aproximasse.
Adiou as férias a fim de que pudesse viajar com ele.

» **INTEGRANTES:** introduzem orações substantivas que podem funcionar como sujeito, predicativo, objeto direto ou indireto, complemento nominal, aposto. São elas: *que, se*.
Esperamos que ele chegue no horário.
Compramos tudo que estava na lista.
Não sabemos se eles virão.

» **PROPORCIONAIS:** indicam uma progressão, uma proporção, uma sequência: *ao passo que, à medida que, à proporção que, quanto (mais/menos), tanto (mais/menos)*.
Quanto mais lê, mais aprende.
Quanto menos gente, mais confortável.
À medida que o tempo passa, a dor diminui.
O consumo decresce à proporção que o preço sobe.

» **TEMPORAIS:** iniciam orações adverbiais que trazem uma circunstância de tempo: *quando, assim que, logo que, antes que, depois de*.
Logo que ela chegou o jantar foi servido.
Comprarei a passagem antes que o preço aumente.
Avise quando tiver chegado.

> Além das conjunções, os conectivos incluem as preposições estudadas e decoradas nas salas das primeiras séries: *a, ante, após, até, com, contra, de, desde, em, entre, para, perante, por, sem, sob, sobre*. Elas dão liga, ajudam a tornar os textos mais fluentes e menos entrecortados. Lembre-se disso.

Agora é com você.

Os textos a seguir – todos extraídos de notícias publicadas no jornal *O Estado de S. Paulo*, de 30 de maio de 2014 – foram propositadamente modificados para que você possa perceber a falta que as conjunções fazem:

Fábricas do grupo operam em capacidade plena
As maiores montadoras do País estão reduzindo a produção.
Dando férias coletivas.
A Toyota opera com capacidade máxima nas duas fábricas de veículos.
Em Indaiatuba faz o Corolla, em Sorocaba faz o Etios.

Estranho não? Tudo fica entrecortado, o texto não flui, as ideias parecem soltas. Agora compare com o texto original, escrito como manda o figurino:

Fábricas do grupo operam em capacidade plena
Ao contrário do que ocorre com as maiores montadoras do País, que estão reduzindo a produção e dando férias coletivas aos funcionários, a Toyota opera com capacidade máxima nas duas fábricas de veículos, em Indaiatuba, onde faz o Corolla, e em Sorocaba, onde faz o Etios.

Snowden diz não ter revelado dados aos russos
O ex-prestador de serviços da Agência de Segurança Nacional – NSA – dos Estados Unidos Edward Snowden (deu) entrevista para a TV americana NBC. Não está sob controle do governo russo. Não entregou nenhum documento de inteligência. (Está) no país há um ano.

No texto acima foi preciso acrescentar alguns verbos entre parênteses para que a informação não se perdesse. Mas veja como as conjunções funcionam muito melhor e tornam o texto coeso:

Snowden diz não ter revelado dados aos russos
O ex-prestador de serviços da Agência de Segurança Nacional (NSA) dos Estados Unidos Edward Snowden disse em uma entrevista para a tv

americana NBC que não está sob o controle do governo russo e não entregou a Moscou nenhum documento de inteligência, depois de quase um ano de asilo no país.

Carro do Google é possível ameaça, afirma executivo da GM
Progresso do carro sem motorista do Google. Quarta-feira foi divulgado modelo que dispensa qualquer presença humana. Já incomoda o setor automobilístico tradicional.
O Google levar adiante os planos de fabricar carros autônomos poderia se tornar uma séria ameaça competitiva. Disse o chefe de desenvolvimento de produto da General Motors, Mark Reuss.
Estimativa para 2035: haverá cerca de 11,8 milhões de carros desse tipo nos Estados Unidos. Em 2050 a totalidade dos automóveis em circulação não precisará de motorista. Estima-se.

Um texto é mais do que uma informação, perceba isso na notícia original, a seguir.

Carro do Google é possível ameaça, afirma executivo da GM
O progresso do carro sem motorista do Google, que na quarta-feira divulgou um modelo que dispensa qualquer presença humana no veículo, já incomoda o setor automobilístico tradicional. O chefe de desenvolvimento de produto da General Motors, Mark Reuss, disse que o Google poderia se tornar uma "séria ameaça competitiva" se levar adiante seus planos de fabricar carros autônomos.
Segundo uma estimativa, em 2035 haverá cerca de 11,8 milhões de carros desse tipo nos Estados Unidos. Em 2050, espera-se que a totalidade dos automóveis em circulação não precisará de motorista.

verbos: correlação de tempos e modos

O estudo do paralelismo sintático nos leva a um assunto nem sempre bem compreendido no estudo do português: a correlação entre os tempos verbais. Ou seja, a adequação das propriedades sintáticas e semânticas dos verbos para se atingir uma comunicação mais efetiva e mais eficiente.

Os verbos têm um papel muito importante na comunicação, pois trazem noções de tempo e referência que se inter-relacionam para modificar a carga de significados que o verbo expressa. Por isso, além da concordância entre pessoa e número, é importante cuidar da adequação entre tempos e modos para expressar corretamente uma ideia.

O que é verbo?

Na definição do professor e gramático Evanildo Bechara, verbo é "a unidade que significa ação ou processo, organizada para expressar o modo, o tempo, a pessoa e o número".

O que é semântica? De modo muito simplificado podemos dizer, adaptando a segunda acepção para o termo apresentada no *Dicionário Aurélio*, que a semântica é o estudo da significação das palavras e do sentido dos enunciados.

TEMPOS E MODOS VERBAIS

Presente, passado e futuro são categorias que usamos para detalhar a dimensão do tempo, que contamos no relógio, no calendário e registramos, também, por meio dos verbos. Mas os tempos verbais têm outras sutilezas, passados interrompidos, futuros incertos. Só para indicar ações ou fatos ocorridos, ou pretéritos, temos três tempos: o perfeito, o imperfeito e o mais-que-perfeito. Vale recordar o emprego de cada um.

» *Pretérito perfeito* – designa uma ação ou um fato passado e concluído.
Ele viajou.
O gato caiu do telhado.

» *Pretérito imperfeito* – refere-se a uma ação em curso ou de algo interrompido no passado, para indicar ações rotineiras ou, ainda, para expressar um pedido ou uma ordem menos autoritária.
Preparava um bolo, quando vocês avisaram que vinham.
Todos os anos ela viajava no inverno.
Gostaria que você explicasse melhor seu ponto de vista.

» *Pretérito-mais-que-perfeito* – indica algo que já é passado em relação a outro fato também já ocorrido e expresso no pretérito perfeito; serve também para expressar uma possibilidade ou dúvida anterior a uma circunstância, seja ela presente ou futura.
João comprou um barco e, antes, comprara um apartamento.
Quem dera ele chegue a tempo de assistir ao nascimento do filho.

» *Presente* – basicamente, esse tempo verbal alude a uma ação ou a um fato que ocorre no momento da narrativa. Mas os verbos no presente podem ser usados também para indicar ações ou fatos que não têm uma circunstância temporal explícita ou um estado permanente. Em muitos textos históricos, emprega-se o presente em relação a fatos já ocorridos.
Estou aqui.
Todo mundo gosta de ser bem-tratado.
Em 1808, d. João chega ao Brasil com a corte portuguesa.

Já o futuro... a Deus pertence. Pode acontecer ou não. Por isso, temos dois tempos verbais para indicar fatos, ações ou intenções que ainda não aconteceram:

» *Futuro do presente* – relaciona-se a uma ação ou a um fato que ocorrerá no futuro.
Nós iremos à festa.

» *Futuro do pretérito (simples)* – enuncia uma ação ou uma possibilidade futura em relação a um fato passado.
Sobreviveria, se houvesse um hospital na região.

Além da circunstância temporal, os verbos têm modos. Afinal, as coisas acontecem num determinado tempo e de um determinado modo ("jeito, maneira, feição ou forma particular", segundo Aurélio Buarque).

Os modos verbais – indicativo, subjuntivo e imperativo – expressam, portanto, aspectos mais subjetivos, menos concretos que a realidade temporal.

» MODO INDICATIVO: usado em situações concretas e informativas: *ele disse, eu digo, ela dirá*. Não há qualquer dimensão subjetiva ou particular, apenas a indicação do tempo em que ocorreu, ocorre ou ocorrerá a ação. Também no modo indicativo são expressos os estados de permanência, as situações habituais e corriqueiras.

» MODO SUBJUNTIVO: expressa circunstâncias mais subjetivas, tais como incerteza, desejo, dúvida.

» MODO IMPERATIVO: como o nome aponta, expressa ordens, comandos; daí não haver a primeira pessoa do singular, pois ninguém dá ordens a si próprio. Como uma ordem é sempre dada no presente, o imperativo não tem circunstâncias temporais, mas ele pode ser afirmativo ou negativo: "Vá para o quarto. Não desobedeça".

Uma vez que os tempos e modos expressam possibilidades, dúvidas, ordens e outras nuances semânticas, é preciso ter atenção na hora de escolher a flexão de tempo e modo de um verbo. Além do aspecto semântico existem outras regras que condicionam essa escolha, como veremos a seguir.

CORRELAÇÃO ENTRE TEMPO E CIRCUNSTÂNCIA

A combinação coerente das formas verbais é que vai garantir a expressão correta da intenção de quem enuncia e a percepção adequada de quem recebe a informação.

Por exemplo, quando usamos um verbo no futuro do pretérito – que exprime dúvida ou desejo – o verbo da oração seguinte não deve estar no pretérito perfeito, nem no futuro do presente, tempos que têm uma carga semântica de realidade, de afirmação, de certeza. Confuso? Não! Veja só:

Ficaria tranquila se ele chegasse a tempo (e não "*Ficaria tranquila se ele chegou...*" ou "*Ficaria feliz se ele chegará...*").

Mas, se na mesma frase o verbo *ficar* estiver no presente do indicativo, o segundo verbo, *chegar*, deve ficar no presente do subjuntivo.

Fico tranquila que ele chegue a tempo.

Quando vemos os exemplos, tudo parece quase óbvio. No entanto, às vezes fazemos as correlações erradas, tanto do ponto de vista lógico quanto do significado que queremos transmitir. O quadro abaixo pode ajudar nas escolhas certas.

CORRELAÇÕES DE TEMPO ADEQUADAS

Presente do indicativo *Fico tranquila*	Presente do subjuntivo *que você chegue.*
Presente do indicativo *Fico tranquila*	Pretérito perfeito composto do subjuntivo *que você tenha chegado.*
Pretérito perfeito do indicativo *Fiquei tranquila*	Pretérito imperfeito do subjuntivo *que você chegasse.*
Pretérito imperfeito do indicativo *Ficaria tranquila*	Pretérito mais-que-perfeito composto do subjuntivo *se você tivesse chegado.*

Futuro do pretérito do indicativo	Pretérito imperfeito do subjuntivo
Ficaria tranquila	*se você chegasse.*
Pretérito mais-que-perfeito composto do subjuntivo	Futuro do pretérito composto do indicativo
Teria ficado tranquila	*se você tivesse chegado.*
Futuro do presente do indicativo	Futuro do subjuntivo
Ficarei tranquila	*quando você chegar.*

Um modo puxa o outro

Quando o verbo da oração principal está no modo imperativo, a melhor correlação é o verbo da oração subordinada acompanhar o da principal: *Não pensa, compra.*

Da mesma forma, se o verbo da oração principal estiver no presente do subjuntivo, o da segunda oração deve acompanhá-lo no tempo e no modo: *Não pense, compre.*

PARA TREINAR

Implantes duram para sempre?

Os implantes dentários uma vez colocados no osso maxilar sofrem um processo de ligação química chamado ósseo integração, este processo de fusão química entre o osso e o titânio (material que compõe o implante) garante grande durabilidade aos implantes. Em teoria se um implante foi bem instalado ele poderia durar para sempre desde que estivesse sempre limpo, livre de tártaro e a prótese feita sobre ele fosse feita de maneira correta.

(IBRASO – Informe publicitário publicado em *O Globo*, caderno Zona Sul, 5-6-2014)

COMENTÁRIOS
"processo de ligação química chamado ósseo integração [...]".

Da forma como estão grafados no texto, como duas palavras independentes, deveria haver a concordância entre os dois termos: o adjetivo – *ósseo* – e o substantivo a que ele se refere – *integração*, que é uma palavra feminina. Ou seja, integração óssea. Entretanto esse é um termo composto, formado por duas palavras (adjetivo + substantivo), e, de acordo com a última reforma ortográfica, a grafia correta é *osseointegração*.

"Em teoria se um implante foi bem instalado ele poderia durar para sempre desde que estivesse sempre limpo, livre de tártaro e a prótese feita sobre ele fosse feita de maneira correta."

Aqui temos uma questão relativa ao emprego dos tempos verbais, que expressam diferentes circunstâncias, como afirmação, imposição, dúvidas ou sentimentos. Se analisarmos essas flexões temporais do ponto de vista do seu significado, observamos que:

» *Poderia* (futuro do pretérito, modo subjuntivo)

Esse tempo verbal é um caso estranho, pois pretérito quer dizer passado. Então como ter um passado no futuro? Confusões semânticas à parte, é importante saber que, no subjuntivo, o futuro do pretérito indica uma ação que seria consequência de outra que acabou por não acontecer, ou seja, é usado para exprimir uma possibilidade, uma condição ou um desejo. Uma coisa que não aconteceu no futuro em decorrência de outro fato havido no passado.

» *Estivesse, fosse feita* (pretérito imperfeito do subjuntivo)

Já o pretérito imperfeito do modo subjuntivo é usado para formar orações subordinadas condicionais, com o verbo da oração principal no futuro do pretérito. Esse tempo verbal também indica dúvidas, desejos, incertezas, probabilidades e sentimentos.

Do ponto de vista da gramática, a correlação dos tempos verbais está correta: verbo da oração principal no futuro do pretérito (*poderia*) e verbos das orações subordinadas no pretérito imperfeito do subjuntivo (*estivesse* e *fosse*).

Mas, do ponto de vista da mensagem, tratando-se de um informe publicitário sobre a durabilidade dos implantes, o ideal seria que os tempos verbais fossem outros. E que se afirmasse que o implante pode durar se estiver limpo de tártaro e a prótese for bem feita.

PROPOSTA DE EDIÇÃO

Vamos aproveitar para dar uma "limpadinha" no texto, evitando a repetição do advérbio *sempre* e do verbo *fazer* ("feita"):

> [...] Em teoria, se um implante foi bem instalado, ele pode durar indefinidamente, desde que esteja sempre limpo, livre de tártaro e que a prótese colocada sobre ele seja feita de maneira correta.

No exemplo a seguir, o ponto de referência é o presente, ainda que se fale do passado.

> Quando eu chego à casa de meus avós, sinto uma enorme emoção, ao lembrar das histórias que lá vivi. Depois, andando em direção às montanhas azuis como se fossem mágicas, percorro a velha estrada das travessuras infantis e das irresponsabilidades juvenis e constato, com tristeza, que quem fui já não existe mais.

Mas se fôssemos reescrevê-lo levando a narração para o passado, como ficaria? Observe:

> Quando eu cheguei à casa de meus avós, senti uma enorme emoção, ao lembrar das histórias que lá vivi. Depois, andando em direção às montanhas azuis como se fossem mágicas, percorri a velha estrada das travessuras infantis e das irresponsabilidades juvenis e constatei, com tristeza, que quem eu fora já não existia mais.

E se tudo isso for deslocado para o futuro? Perceba a correlação entre os tempos e modos:

> Quando eu chegar à casa de meus avós, sentirei uma enorme emoção, ao lembrar das histórias que lá vivi. Depois, andando em direção às montanhas azuis como se fossem mágicas, percorrerei a velha estrada de tantas travessuras infantis e muitas irresponsabilidades juvenis e constatarei, com tristeza, que quem eu fui já não existirá mais.

AS VOZES DO VERBO

As vozes verbais indicam a posição ou a atuação do sujeito. Por isso, se ele é quem pratica a ação, a voz é a ativa. Ao contrário, se ele recebe a ação, se não é o elemento ativo, a voz é a passiva. Mas, se o sujeito praticar e receber a ação ao mesmo tempo? Aí temos a voz reflexiva. Vamos relembrar com alguns exemplos:

> Um dos maiores sistemas produtores de água do mundo, o Sistema Cantareira, abastece cerca de 55% da Região Metropolitana do Estado de São Paulo.[3]

Sistema Cantareira (sujeito) *abastece* (voz ativa).

> Trinta e três mil litros de água são tratados por segundo no Sistema Cantareira.

33 mil litros de água (sujeito) *são tratados* (voz passiva).

> As seis represas que compõem o complexo da Cantareira se interligam em 48 km de túneis.

(as seis represas ligam e são ligadas umas às outras: voz reflexiva).

---

[3] Fonte para esta citação e para as duas seguintes: http://www.daescs.sp.gov.br/. Acesso em 30-6-2014.

Com certeza você já recebeu alguma propaganda oferecendo serviços. Seja na rua, seja na sua caixa de correio virtual ou física, o volume de anúncios que nos chegam é grande. E lá você se depara com frases como: "Aluga-se mesas e cadeiras para festas" ou "Vende-se terrenos por bom preço" e, até, "Oferece-se serviços de cuidador para idosos".

Pois então! Todos redigidos de modo errado...

Porque mesas e cadeiras são alugadas; os terrenos é que são vendidos e os serviços, oferecidos.

Já comentamos sobre a regra geral: singular deve concordar com singular; plural com plural. Lembra-se?

Claro que há exceções, mas não é o momento de nos depararmos com elas.

Portanto, quais são as formas corretas? Vamos lá:

Alugam-se mesas e cadeiras para festas.
Vendem-se terrenos por um bom preço.
Oferecem-se serviços de cuidador para idosos.

Pode até parecer estranho, mas, acredite, é assim.

De tanto ouvirmos o erro, nos acostumamos com ele. Assim funciona nosso cérebro; daí o cuidado que precisamos ter. Ok?

E, já que estamos falando sobre erros (note que alguns expõem bastante quem os comete), insistimos no verbo *haver*:

Haverão fatos que comprovarão? Houveram fatos que comprovaram e haviam fatos que comprovavam?

Também erradas as três formas...

A dica é: se deparou com o verbo *haver*, imediatamente substitua-o por existir (que será devidamente flexionado).

Existirão fatos; existiram fatos; existiam fatos.

Substituição perfeita. Correto?

Logo, nesse único caso o verbo *haver* se torna impessoal. Mas o que é isso?!

Impessoal significa que não tem sujeito; e assim só pode ser empregado na terceira pessoa do singular, independendo do tempo verbal: futuro, passado ou presente.

Reflita e responda: como ficarão as frases analisadas? "Haverão fatos que comprovarão? Houveram fatos que comprovaram e haviam fatos que comprovavam?"

A redação correta será: "Haverá fatos que comprovarão; houve fatos que comprovaram e havia fatos que comprovavam".

Treine. É a única forma de se familiarizar com esse uso.

Antes de seguir com as explicações teóricas sobre a semântica dos tipos, modos e tempos verbais, vamos fazer uma pausa para analisar outros textos jornalísticos e identificar algumas questões relacionadas ao tema de que estamos tratando.

> **Porto Real sofre com crise na Peugeot**
> *Montadora suspende 650 trabalhadores. Demissões em fornecedores cria clima de apreensão na cidade*
> Considerada uma das cidades industriais mais dinâmicas do país nos últimos anos, Porto Real, no Sul Fluminense, está sob clima de apreensão econômica. O anúncio da suspensão de 650 funcionários da montadora francesa PSA Peugeot-Citröen, que acabou com um de seus três turnos de produção, fez voltar à cidade o fantasma do desemprego. [...]
> O corretor Fernando Paúra, contudo, confirma que a cidade, que vivia em otimismo, sofreu um baque com a recente decisão da Peugeot.
> – Ainda é cedo para medir o impacto, mas ele há e está inflado com os rumores de que a Femsa vai fechar a antiga fábrica da Coca-Cola na cidade, transformando a área em uma distribuidora – disse.

> A Femsa Coca-Cola nega o rumor e diz que não está demitindo, embora alguns moradores digam que funcionários antigos têm sido dispensados.
>
> (*O Globo*, Caderno Economia, 23-2-2014)

COMENTÁRIOS

"Demissões em fornecedores cria clima de apreensão na cidade".

Erro de concordância entre o sujeito e o verbo (o correto seria *demissões criam*).

Mas o texto tem outros problemas semânticos e não somente gramaticais. Vamos começar pelo mau emprego do verbo *haver*:

"Ainda é cedo para medir o impacto, mas ele há e está inflado com os rumores de que a Femsa vai fechar a antiga fábrica da Coca-Cola na cidade [...]"

Melhor seria dizer "mas ele existe", ou "mas ele é real". Nem sempre o verbo *haver* é o mais indicado para a acepção de *ser* ou de *existir*.

Outro termo impróprio é "impacto". Segundo o *Dicionário Aurélio*, impacto "é impressão muito forte, muito profunda, causada por motivos diversos", ou seja, impacto é um efeito, não aumenta. O que cresce (e não "infla") é o medo.

Por fim, "montadora suspende 650 trabalhadores". Os trabalhadores não foram suspensos. O que deixou de existir foi o terceiro turno da fábrica. O verbo *suspender* só poderia ser aplicado a trabalhadores na acepção de "pena disciplinar infligida ao funcionário público ou ao empregado [...] o que consiste em afastá-lo temporariamente do cargo com perda dos vencimentos", ainda segundo o *Dicionário Aurélio*. O mal emprego do verbo cria ambiguidade.

PROPOSTA DE EDIÇÃO

Porto Real sofre com crise na Peugeot
Montadora suspende turno e afasta trabalhadores. Demissões
em fornecedores criam clima de apreensão na cidade
Considerada uma das cidades industriais mais dinâmicas do país,
Porto Real, no Sul Fluminense, está sob clima de apreensão econômica.
O anúncio do fim do terceiro turno provocou a suspensão do contrato de
trabalho de 650 funcionários da montadora francesa PSA Peugeot-
-Citröen, e fez voltar à cidade o fantasma do desemprego. [...]
O corretor Fernando Paúra, contudo,[4] afirma que o clima de otimismo da
cidade foi abalado com a recente decisão da Peugeot.
– Ainda é cedo para medir o impacto, mas ele existe e o medo é
reforçado pelos rumores de que a Femsa, maior engarrafadora mundial
de refrigerantes, vai fechar a antiga fábrica da Coca-Cola na cidade,
transformando a área em uma distribuidora – disse.
A engarrafadora afirma que não está demitindo, embora alguns moradores
digam que funcionários antigos têm sido dispensados.

Mais um exemplo para fixar o uso do verbo *haver* como impessoal:

A 6ª Câmara Cível do Rio determinou, ontem, que a Via Lagos indenize em R$ 300,00 a família de Laurinda Rosa de Jesus, morta num acidente ocorrido ali, em 2009.
Diz que se houvessem divisórias nos 57 km de pistas, a morte dela poderia ter sido evitada.
(*O Globo*, 1-5-2014)

Por favor! "Houvesse divisórias."

---

[4] O conectivo "contudo" refere-se ao parágrafo anterior da reportagem, não reproduzido aqui.

OUTRO VERBO QUE PODE NOS CONFUNDIR

Estudante tem que fazer Enade
Campanha dentro das faculdades vai orientar os estudantes

A Universidade Federal do Pará (UFPA) realizou na última quarta-feira o "Seminário Enade 2014", a fim de esclarecer e de pontuar a importância do Exame Nacional de Desempenho dos Estudantes (Enade). A partir de agora, os diretores de faculdades e coordenadores das unidades acadêmicas das áreas selecionadas para a prova vão começar um trabalho de conscientização com os alunos sobre a importância do exame que avalia o desempenho acadêmico do discente. O objetivo é mostrar que a avaliação trata-se de um elemento curricular obrigatório e que o principal interessado no sucesso do exame deve ser o próprio estudante. [...]
(*Amazônia*, Belém, 13-6-2014)

Um caso curioso.

"O objetivo é mostrar que a avaliação trata-se de um elemento curricular obrigatório e que o principal interessado no sucesso do exame deve ser o próprio estudante."

"Mostrar que trata-se" não é, definitivamente, uma construção elegante. O objetivo deve ser mostrar que a avaliação é um elemento curricular obrigatório.

O verbo *tratar* tem muitos significados e diversos empregos e sua regência varia de acordo com a acepção em que é utilizado:

» tratar alguém de algum modo (no sentido de dispensar um tratamento);
» tratar de alguém ou tratar alguma coisa (no sentido de cuidar).

Já a expressão *tratar-se de* é usada para indicar o assunto, o tema, o objeto de alguma investigação e tem um sentido muito próximo do verbo "ser". Trata-se de alguma coisa/ser alguma coisa.

Por isso, muitos gramáticos recomendam que, nesses casos (como no do exemplo da notícia sobre o Enade), a expressão seja substituída pelo verbo "ser", mais direto e mais objetivo.

Mas, se o autor desejar usar a expressão verbal *trata-se de* é fundamental observar a regra básica: "Trata-se de" é invariável. O verbo fica sempre na terceira pessoa do singular, mesmo que o objeto a que ele se refere esteja no plural.

Trata-se de ações já avaliadas quanto ao mérito – e nunca "tratam-se de ações".

Do ponto de vista sintático, temos um verbo transitivo indireto, que portanto não admite a voz passiva. Assim, a partícula *se* não é um pronome apassivador e, sim, um recurso para a indeterminação do sujeito.

VERBOS AUXILIARES

Verbos auxiliares são aqueles que entram na formação de tempos compostos e locuções.

Os tempos compostos são usados quando não é possível expressar por meio de formas simples do verbo as circunstâncias ou os aspectos que pretendemos comunicar. São formados pelos verbos auxiliares seguidos do verbo principal em sua forma nominal (infinitivo, particípio ou gerúndio).

Nesses casos, os verbos principais informam a carga semântica principal, e os auxiliares marcam o tempo, o modo, o número e a pessoa.

<u>Vou sair</u> mais cedo hoje / <u>Vamos sair</u>...
Ela <u>tem lido</u> todas as notícias sobre a crise financeira na Grécia / Elas <u>têm lido</u>...
Eles <u>estavam esperando</u> um resultado melhor / Ele <u>estava esperando</u>...

Existem também os verbos auxiliares modais, que expressam o modo como o emissor percebe uma determinada ação. Junto ao verbo principal, que vem no infinitivo, esses auxiliares modais formam uma locução. São eles: *poder, dever, ter, saber, crer, precisar,* etc.

Posso esperar pela encomenda.
Elas devem ter uma promoção.
Ele tem de ficar em repouso.
Precisamos ter paciência.

Quando o auxiliar da voz passiva for o verbo *ser*, deve-se usá-lo sempre seguido do particípio do principal.

Ela foi atendida por um especialista.
Ele é considerado uma referência no assunto.

A seguir vamos estudar melhor alguns verbos que podem ser usados como auxiliares e que costumam apresentar algumas particularidades na hora da concordância.

PARA TREINAR

A Comissão Nacional da Verdade (CNV) alega que não houve interferências por parte de seus integrantes.

Qual é (ou qual seria) nossa tendência? Lembrarmo-nos da regrinha: singular com singular; plural com plural. Corretíssimo!

Essa é a ordem natural, memorizada por todos. Porém...ah, esse porém! ...também necessitamos que nosso cérebro registre que os verbos *haver* e *fazer* têm lá suas particularidades.

Então, a oração acima está correta ou não? Correta! Claro! Porque nesse caso o verbo *haver* significa *existir*; logo, é impessoal.

Os integrantes da Comissão Nacional da Verdade (CNV) houveram por bem considerar que seus integrantes não fizeram pressões ou interferiram no processo.

Tudo certo? Sim! Ainda que possa soar estranho, o verbo *haver* está corretamente flexionado, pois, quando ele é empregado com o sentido de "julgar", "entender", assume a forma pessoal, isto é, concorda com o seu sujeito.

VERBO FAZER

Este verbo também nos prega algumas peças. De modo geral, o verbo concorda com o sujeito; porém, em algumas situações, não é bem assim. O verbo *fazer*, no sentido de tempo passado, é impessoal. Não tem sujeito (como o verbo *haver*!). Conclusão: só pode ser empregado na terceira pessoa do singular.

Hoje fazem vinte anos que me casei.

Está correta a frase? Não! O verbo significa, nesse caso, tempo decorrido. O correto é "Hoje faz vinte anos que me casei".

Amanhã fará (ou farão) vinte anos que me casei.

Qual a forma correta? *Fará*! Amanhã é, sim, futuro, mas a ação tem a ver com o tempo que passou.

O mesmo verbo, quando indica uma condição meteorológica, também é impessoal:

No último verão fez (e não "fizeram") dias belíssimos, com muito calor.
Fazia (e não "faziam") 42ºC em alguns dias.

VERBO SER

Da mesma forma que *haver* e *fazer*, o verbo *ser* apresenta algumas particularidades do ponto de vista de impessoalidade e concordância.

O primeiro aspecto a considerar é o emprego do verbo *ser* como elemento de ligação, e não como verbo de ação. Lembra?

Nas sentenças em que o sujeito não pratica especificamente uma ação, mas apenas se relaciona com alguma qualificação ou predicado expresso por um verbo no particípio (forma pessoal), empregamos o verbo *ser* como um elemento de ligação para indicar a circunstância transitória ou definitiva da afirmação que se faz sobre o sujeito:

Ana Terra, personagem de Erico Verissimo, é considerada das mais fortes figuras da literatura brasileira.
Fernanda Montenegro será escalada para a próxima novela.
A cidade foi destruída pelo temporal.

Nos exemplos acima, o verbo *ser* concorda sempre com o sujeito, mas nem sempre é assim. Quando o sujeito for, por exemplo, um pronome indefinido, por mais estranho que pareça, o verbo *ser* pode concordar com o predicativo (afirmação que se faz sobre o sujeito). Existe uma frase clássica nas gramáticas para exemplificar esse caso: "Nem tudo são flores".

Outro exemplo em que as duas flexões estão corretas:

Daqui a pouco tudo serão apenas lembranças.
Daqui a pouco tudo será apenas lembranças.

O verbo *ser* também é empregado para indicar circunstâncias temporais, como hora, data, dias ou ainda distâncias. Nesses casos, claro, não há sujeito e, portanto, o verbo é impessoal, mas concorda com o termo a que se refere: singular com singular, plural com plural, sempre na terceira pessoa:

São 14 horas e ele ainda não voltou do almoço.
Ainda é meio-dia e meia e já estou com muita fome.

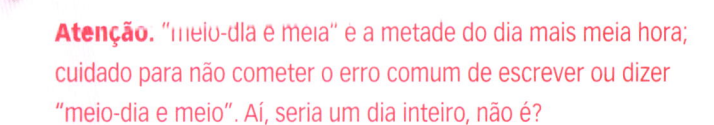

Atenção. "meio-dia e meia" e a metade do dia mais meia hora; cuidado para não cometer o erro comum de escrever ou dizer "meio-dia e meio". Aí, seria um dia inteiro, não é?

Hoje são 7 de setembro, aniversário da Independência do Brasil.

Mas, se a palavra *dia* estiver expressa, o verbo irá para o singular.
Hoje é dia 7 de setembro, aniversário da Independência do Brasil.

Em relação à palavra *distância* vale a mesma regra, mas, se houver a preposição "de" depois do verbo, o correto é deixá-lo no singular:
Até o ponto de chegada são 16 km.
A distância até o ponto de chegada é de 16 km.

Com expressões que indicam quantidade, peso ou intensidade – *muito, pouco, suficiente, bastante*, etc. – o verbo *ser* é invariável.
Cinco quilos de carne é suficiente para o churrasco.
Quinze dias é muito para esperar o atendimento.
O cardiologista disse que emagrecer 3 kg é o bastante para ela ficar bem.

Atenção: você reparou que em dois dos exemplos o numeral está por extenso e no outro não? A regra diz que uma sentença não deve começar com um algarismo e, sim, com o número por extenso.

Um último lembrete: quando o particípio tem a mesma função do adjetivo e vem acompanhado dos verbos auxiliares *ser, estar, haver, ter* e, às vezes, *ficar*, o correto é flexionar o particípio em pessoa e número.
Foi autorizada, pelo diretor em exercício, a saída antecipada no dia do jogo.
Foram autorizadas as saídas antecipadas em todos os jogos do Brasil na Copa.

GERUNDISMO

Verdadeira praga linguística, o uso desnecessário e exagerado de verbos no gerúndio já rendeu muitas crônicas, piadas e alguns pontos perdidos em provas de seleção ou de redação. Vamos tentar entender quando e como o uso do gerúndio torna-se um vício de linguagem, que foge aos padrões normativos da língua portuguesa.

A construção no gerúndio exige sempre dois verbos: um auxiliar e outro na forma nominal, com a terminação -*ndo*. O gerúndio serve para expressar uma ação continuada ou simultânea a uma outra, sem conclusão. Por isso, nos verbos que exprimem ações pontuais, circunstanciais ou transitórias – como transferir, aguardar, reservar, esperar, entre outros – a conjugação no gerúndio é desnecessária do ponto de vista do sentido e estilisticamente comprometedora quanto à coesão do texto, já que implica um excesso de formas verbais sem qualquer contribuição semântica. Veja alguns exemplos:

Senhor, aguarde um instante, por favor, para que possa estar verificando seu cadastro.

Agora compare:

Senhor, aguarde um instante, por favor, para eu verificar seu cadastro.
Senhor, aguarde, por favor, a verificação de seu cadastro.

A mensagem é rigorosamente a mesma; a ação de verificar é transitória e pontual e não necessita de uma construção no gerúndio.

Vou estar transferindo a sua ligação.

Transfira logo, com um verbo apenas. O cliente pode estar com pressa. E saiba que não existe essa construção na língua portuguesa.

A senhora vai querer estar continuando na fila de espera?

Que forma de comunicação é essa que usa quatro verbos para perguntar se o cliente quer desistir?

Mas há momentos em que o gerúndio é desejável e necessário. Exatamente quando se quer expressar uma continuidade (não a da senhora na fila) da ação propriamente dita. Observe:

Amanhã, quando você estiver trabalhando, aproveitarei para fazer as compras.

Ontem, enquanto ele estava esperando o atendimento, consegui responder a todas as mensagens do WhatsApp.

Nos dois exemplos, o gerúndio serve para expressar duas ações simultâneas no passado ou no futuro.

Elas seguiram andando normalmente, sem denotar medo ou apreensão.

Nesse caso, o uso do gerúndio expressa a exata circunstância da ação. Alguma coisa ocorria enquanto elas andavam.

uma palavra final

Neste capítulo, vimos questões práticas que interferem na construção de textos coerentes e consistentes, recursos que facilitam a articulação das ideias e o encadeamento das frases, redundâncias que prejudicam a informação e outros aspectos importantes para a coesão textual e a eficiência da informação.

Além de atentar para essas questões, é preciso considerar fatores que, embora externos ao texto, são muito importantes do ponto de vista da coerência. Um fator importantíssimo, por exemplo, é o conhecimento geral, as informações sobre o mundo em que vivemos, pois não há como argumentar sobre assuntos que desconhecemos. Essa bagagem de vida é o que usamos para escrever e nos comunicar.

Afora o conhecimento do mundo, para que o texto se torne expressivo, é importante que ele esteja inserido no contexto social, político e cultural em que vivemos.

Outro foco de atenção para a consistência do texto é a distribuição das informações. O equilíbrio entre os dados já conhecidos e a informação nova é que determina o grau de previsibilidade e redundância da redação. Lembre-se: quanto mais redundante, quanto mais previsível, menos informativo é um texto.

Por fim, para garantir o completo atendimento da terceira competência, é indispensável que o texto conquiste a aceitação do leitor, pois ele é quem vai dar sentido ao texto. Para haver consistência é preciso que um enunciado não contradiga algo que já foi afirmado anteriormente, e que o conjunto dos enunciados seja relevante para defender o tema. Essas pontes de entendimento são construídas a partir do conhecimento compartilhado, da contextualização, do foco que o texto consiga manter.

Valorize suas experiências, aproprie-se das coisas que você viveu e aprendeu. Elas são a base de todos os textos que produzimos. Até mesmo daqueles não necessariamente escritos.

construção dos argumentos

Ao elaborar uma redação para concurso, um texto pessoal ou um documento profissional, é importante utilizar variados recursos linguísticos, para que a mensagem seja recebida de forma clara e, também, agradável. Um bom texto atrai o leitor, desperta prazer na leitura – e isso, além das questões específicas de correção e adequação da linguagem, tem a ver com estilo.

Estilo é, genericamente, um modo de se expressar de acordo com os códigos ou as referências próprias de determinados grupos sociais ou profissionais, bem como de movimentos culturais ou artísticos característicos de alguma época.

É mais fácil entender essa definição quando pensamos nas artes plásticas, na música, na moda e no *design*. Estilos de época, correntes estéticas ou de pensamento foram, por exemplo, o romantismo na música do século XIX, o cubismo na pintura do início do século XX, ou movimentos literários como o modernismo na literatura brasileira. Já em relação a atitudes e comportamento, estilo está associado a um sentido figurativo de personalidade, de distinção e até mesmo de elegância. Em relação aos grupos sociais e culturais, exemplos de estilos contemporâneos são a estética do *rap* e do *funk*, a linguagem rápida e encurtada das mensagens eletrônicas em redes sociais, os jargões dos locutores e comentaristas esportivos, enfim, as marcas pelas quais os grupos são identificados.

Mas e em relação à linguagem? Segundo o *Dicionário Aurélio*, estilo é a "maneira de exprimir os pensamentos falando ou escrevendo". E o dicionário registra, ainda, outra acepção do termo no contexto da escrita: "maneira de escrever correta e elegante; linguagem aprimorada". Essa definição resume perfeitamente a quarta competência exigida pelo Enem.

coesão textual

> O Coelho Branco colocou os óculos e perguntou:
> – Com licença de Vossa Majestade, devo começar por onde?
> – Comece pelo começo – disse o Rei com um ar muito grave – e continue até chegar ao fim: então pare.

O conselho do rei ao coelho branco, personagens da famosa história *Alice no país das maravilhas*, de Lewis Carroll,[5] é perfeito para ilustrar o que se espera da quarta competência, que diz respeito à coesão e à ordenação das palavras e dos parágrafos como caminho para uma boa conexão de sentido entre as partes do texto; ou seja, uma questão de princípio, meio e fim.

> Lewis Carroll nasceu na Inglaterra em 1832 e morreu aos 66 anos, em 1898. Matemático, poeta e romancista, tornou-se mundialmente famoso com a obra *Alice no país das maravilhas*, publicada em 1865.

---

[5] Lewis Carroll, *Alice – Aventuras de Alice no país das maravilhas & Através do espelho e o que Alice encontrou por lá* (São Paulo: Summus, 1980).

Para que um texto seja coeso e coerente, é preciso haver uma relação lógica e formal entre as partes da redação (frases e parágrafos). A conexão e a articulação das ideias, dos fatos e dos argumentos são obtidas pelo trânsito de sentido entre as palavras, as frases e os parágrafos, para que cada ideia nova possa estabelecer uma relação com as anteriores. Lembre-se: nas redações para concursos, além da coerência, a construção dos parágrafos deve atender à tipologia textual estabelecida no edital, em linguagem adequada à norma-padrão da língua portuguesa.

A correção das redações do Enem, ao avaliar essa competência, considera como desvios: frases fragmentadas que comprometam a estrutura lógico-gramatical; sequência de ideias sem encaixamentos sintáticos, reproduzindo usos típicos da oralidade; frases com apenas oração subordinada, sem oração principal; emprego equivocado do conector, sem relação lógica entre dois trechos do texto, prejudicando a compreensão da mensagem; repetição ou substituição inadequada de palavras sem se valer dos recursos oferecidos pela língua.

AMBIGUIDADE

O termo ambiguidade pertence ao universo semântico de imprecisão, dubiedade, incerteza; ou seja, o contrário da clareza e precisão que buscamos dar aos textos profissionais e às redações para concursos. Por isso, muita atenção a esse problema, infelizmente bastante comum. A ambiguidade, em geral, decorre do uso inadequado de alguns termos, como pronomes e advérbios, que podem criar duplicidade de sentido, ou, ainda, da falta de articulação entre termos e estruturas.

PRONOMES POSSESSIVOS

Os pronomes têm a função de substituir os nomes, mas algumas vezes podem criar dúvidas em relação ao termo a que se referem. Nem por isso devemos deixar de usá-los, pelo contrário. Além de ajudarem a aprimorar o estilo, evitando a repetição dos nomes, muitas vezes eles é que deixam a informação mais precisa. Por isso, convém prestar muita atenção aos pronomes e procurar sempre a melhor forma de usá-los. Um bom exemplo são os pronomes possessivos, que vamos analisar a seguir. Observe:

Ela chegou sem fazer barulho e encontrou o hóspede em seu quarto.

Em que quarto estava o hóspede: no dele ou no dela? Melhor seria dizer:

Chegou sem fazer barulho e encontrou o hóspede no quarto dele.

Muitas vezes, é justamente o pronome possessivo que resolve a ambiguidade. Veja:

Ao ser surpreendido, ele tirou o pé da mesa do diretor.

Tirou o pé que estava apoiado na mesa ou tirou o pé da mesa propriamente dita? Para evitar essa "pegadinha" a melhor construção é:

Ao ser surpreendido, ele tirou seu pé da mesa do diretor.

Vamos a mais um trecho extraído de uma notícia de jornal:

A reação à militarização
Discurso de Obama sobre a orientação da política externa dos EUA divide os críticos

O discurso permitiu que o presidente expressasse aborrecimento. Às vezes, Obama pareceu responder diretamente a um crítico, Robert Kagan, cujo longo artigo de primeira página da revista The New Republic, intitulado Superpowers Dont't Get to Retire (Superpotências não têm a opção de se aposentar), argumentava contra o recuo da liderança dos EUA depois da 2ª guerra. [...] Embora Kagan tenha sido um destacado defensor da guerra no Iraque, Obama gostou dos *seus* escritos que acabavam com o mito do declínio americano. [...] Na quarta-feira, Kagan disse que a "última linha de salvaguarda" de Obama é uma justa e correta representação do que *seu* ensaio afirma. E disse que o que o presidente afirmou a respeito do *seu* ponto de vista foi "a declaração mais clara dessa posição jamais feita por Obama".

(*O Estado de S. Paulo*, 30-5-2014)

No texto acima, temos três vezes o pronome "seu":

Obama gostou dos *seus* escritos [...] é uma justa e correta representação do que *seu* ensaio afirma.

Em ambas as frases, não há dúvida: o autor dos escritos e do ensaio é Robert Kagan.

E disse que o que o presidente afirmou a respeito do *seu* ponto de vista foi "a declaração mais clara dessa posição [...]".

Aqui a coisa fica confusa. O ponto de vista pode ser tanto do crítico quanto de Obama.

Vamos analisar o emprego do possessivo em outro texto jornalístico.

Ciência chega perto de criar órgãos humanos
[...] As aplicações potenciais de órgãos feitos em laboratórios parecem tão promissoras que até a administração de Londres está se envolvendo: o trabalho de Seifalian foi apresentado quando o prefeito da cidade, Boris Johnson, anunciou uma nova iniciativa para atrair investimento para os setores de saúde e ciência do Reino Unido [...]. O material de polímero que Seifalian usa em *seus* esqueletos de órgãos foi patenteado e ele também pediu patentes para *seus* vasos sanguíneos, canais lacrimais e para *sua* traqueia. O cientista e *sua* equipe estão criando outros órgãos, incluindo artérias coronárias e orelhas. [...]

(*Super Notícia*, Belo Horizonte, 18-5-2014)

Possessivo esse cientista, não? Brincadeiras à parte, as patentes foram requeridas para os modelos criados pela equipe do doutor Seifalian, e não para partes do corpo do cientista (seus vasos sanguíneos, sua traqueia). Na proposta de edição, vamos retirar o termo "esqueletos", supondo que ele foi usado no sentido de estrutura, de protótipo, para evitar uma nova ambiguidade.

O material de polímero que Seifalian usa nos órgãos que produziu foi patenteado. Ele também pediu patentes para os vasos sanguíneos, os canais lacrimais e a traqueia. O cientista e sua equipe estão criando outros órgãos, incluindo artérias coronárias e orelhas.

Para continuar a refletir sobre as armadilhas do possessivo, veja a chamada de uma reportagem da revista *Exame*.

> Há três anos, o mais importante laboratório do grupo Dasa deu início a uma batalha. Sua meta: diminuir o índice de rejeição entre pacientes e médicos.
> (*Exame*, 3-9-2014)

Dúvida cruel: quem rejeita quem? O texto da revista conta que o laboratório confirmou, em pesquisa feita com quatrocentas pessoas, entre pacientes e médicos, que a qualidade dos laudos emitidos era questionável e, a partir de então, resolveu se dedicar a entender e a resolver as causas do *seu* índice de rejeição por parte de médicos e pacientes.

ADJUNTOS ADVERBIAIS

Os adjuntos adverbiais são palavras que modificam o verbo, informando circunstâncias de tempo, de lugar, de modo, etc. Normalmente, vêm junto do verbo (ad+junto). Se por uma questão de ênfase ou de estilo o adjunto fica longe do verbo a vírgula é obrigatória.

Quando mal colocados na frase, os advérbios ou adjuntos adverbiais costumam também criar ambiguidade. Observe os exemplos:

Os policiais prenderam os assaltantes do supermercado na avenida 15 de novembro.

A avenida 15 de novembro é o endereço do supermercado ou o local da ação policial? Se a segunda opção for a correta, o adjunto adverbial "na avenida 15 de novembro" deveria ser deslocado para perto do verbo a que ele se refere:

Na avenida 15 de novembro, os policiais prenderam os assaltantes do supermercado.

Caso seja o endereço do supermercado, o melhor é deixar isso claro, com uma oração explicativa:

Os policiais prenderam os assaltantes do supermercado, que fica na avenida 15 de novembro.

Examinemos outro exemplo:

Os idosos que fazem exercícios frequentemente são mais saudáveis.

O advérbio "frequentemente" refere-se à periodicidade com que se exercitam ou à probabilidade de serem saudáveis? Pela frase acima, não é possível concluir. Veja duas formas de resolver a ambiguidade:

Frequentemente, os idosos que se exercitam são mais saudáveis.
São mais saudáveis os idosos que se exercitam frequentemente.

REPETIÇÃO, OMISSÃO OU SUBSTITUIÇÃO DE PALAVRAS

Quando apresentamos um conceito novo ou muito particular, é correto e necessário reiterar a ideia com uma explicação, um exemplo, ou fazer uma comparação, recorrendo a palavras ou locuções como *ou seja, isto é, do mesmo modo*. Mas o excesso na utilização desses recursos pode tornar o texto cansativo ou menosprezar os conhecimentos do leitor. Por isso, recomenda-se moderação. Outro cuidado que se deve tomar é não alongar muito a explicação para que a afirmação anterior não se perca.

A reiteração (repetição, ênfase) é conhecida como pleonasmo, uma figura de linguagem que, quando bem empregada, pode aprimorar o estilo do texto, enfatizando ou ressaltando poeticamente alguma imagem. Um bom exemplo é a música "Chove chuva" de Jorge Bem Jor:[6]

> Chove Chuva
> Chove sem parar...
>
> Pois eu vou fazer uma prece
> [...]
> Pra chuva parar
> De molhar o meu divino amor...
>
> Que é muito lindo
> [...]
> É puro e belo
> Inocente como a flor...
>
> [...]

Ao repetir os termos "chove" e "chuva" (em si redundantes) o músico cria uma sonoridade e um efeito poético, intensificando a imagem da chuva que molha (outra redundância) o seu "divino amor", que é puro e inocente (nova reiteração enfática). É fácil reconhecer a intencionalidade dessas repetições, que conferem um estilo muito particular à composição. Afinal, poetas, músicos e autores sabem muito bem tirar partido de alguns efeitos que, fora desse contexto criativo, podem se transformar em defeitos.

---

[6] Disponível em http://letras.mus.br/jorge-ben-jor/46643/. Acesso em 29-7-2015.

Por isso, muita atenção ao tentar reforçar uma ideia. Em geral, reiteração de um conceito ou de termos já explícitos torna o texto maçante e, às vezes, confuso.

Muitas vezes ouvimos que "escrever é cortar palavras" – frase que costuma ser atribuída a Carlos Drummond de Andrade, ainda que o poeta tenha negado essa autoria. Independentemente de quem a tenha formulado, essa é uma ideia válida, porém não absoluta. O que importa não é – e nunca foi – a quantidade de palavras. O que conta, de fato, é a eficácia, o modo como as palavras dão conta daquilo que precisam expressar.

A repetição de termos é um problema que merece atenção na hora de revisar o texto. O português é uma língua rica de vocabulário, e essa riqueza pode e deve ser aproveitada em nossos textos. Muitas vezes, no momento da escrita não nos damos conta das repetições de termos, pronomes, conjunções. Tudo bem; é assim mesmo. Mas ao terminar de redigir – se não estiver na pressão de uma prova de concurso, que ainda assim não dispensa uma revisão – levante-se, dê uma esticadinha, mexa os braços e as pernas, alongue-se e volte ao texto. Releia, corrija o que for preciso, substitua as expressões redundantes ou palavras repetidas.

Atenção

Costumamos pecar por excesso, mas em determinados casos o que salva um texto não é cortar e, sim, colocar alguma palavra, trazer uma ideia nova, acrescentar uma frase esclarecedora.

Os trechos a seguir foram retirados de um anúncio publicado na revista *Valor* – Especial Inovação, de julho de 2013. Para preservar o anunciante, omitimos o nome da empresa.

> [...] Uma nova ferramenta para aperfeiçoar técnicas de atendimento foi criada graças ao desenvolvimento de um projeto inovador, desenvolvido pela empresa XXXX com financiamento da Fundação de Amparo à Pesquisa do Estado do Amazonas (FAPEAM). O projeto tem o objetivo de desenvolver um novo método de aprendizado acelerado, que será usado para o ensino das técnicas de atendimento aos turistas nacionais e estrangeiros e dos idiomas inglês e espanhol para profissionais do *trade*[7] turístico do Brasil.
>
> O resultado do projeto será um livro para o ensino de técnicas de atendimento receptivo, três livros para o ensino de inglês e três livros para o ensino de espanhol. O primeiro livro ensinará como atender cada tipo de turista, desde sua chegada até a despedida, enquanto os demais livros ensinarão os idiomas inglês e espanhol utilizando os contextos e ambientes dos profissionais de turismo.

COMENTÁRIOS

"Desenvolvimento de um projeto desenvolvido para desenvolver." É muita redundância!

O segundo parágrafo repete o objetivo já enunciado no parágrafo anterior e, em quatro linhas, usa cinco vezes a palavra "livro". A última frase amplia o que já foi dito e repete a questão do ensino de inglês e espanhol. Uma limpeza no excesso de repetições certamente tornaria o texto mais elegante e eficiente.

---

[7] *Trade* é um termo inglês muito usado no universo do turismo, como sinônimo de mercado.

PROPOSTA DE EDIÇÃO

[...] Uma nova ferramenta para aperfeiçoar técnicas de atendimento foi criada graças a um projeto inovador, desenvolvido pela empresa X, com financiamento da Fundação de Amparo à Pesquisa do Estado do Amazonas (FAPEAM). O objetivo é oferecer um método de aprendizado acelerado para profissionais do <u>trade</u> turístico do Brasil, com a edição de sete livros.

O primeiro é dedicado ao ensino de técnicas de atendimento receptivo a cada tipo de turista, desde sua chegada até a despedida. Os outros serão voltados para o ensino de idiomas, utilizando os contextos e ambientes dos profissionais de turismo. Três volumes para o aprendizado do inglês e três para o de espanhol.

REDUNDÂNCIA

Redundância é um problema de estilo e não um erro gramatical; por isso, é considerada um vício de linguagem. Veja alguns exemplos a serem evitados:

Há dois anos atrás.

Nesse caso, o verbo *haver* indica tempo decorrido; por isso, "atrás" é uma redundância.

Já não há mais motivo para eu ir a Alagoas.

"Já" e "mais" têm a mesma função.

Outras expressões com que tomar cuidado:

Sair para fora.
Entrar para dentro.
Subir para cima.
Descer para baixo.
Lançar o novo.
Criar algo novo.

Os verbos que exprimem ação já têm um significado; basta respeitá-lo.

Essas são construções frasais que adotamos, muitas vezes sem perceber, quando falamos ou escrevemos; são chamadas de pleonasmo vicioso.

Pleonasmo vicioso

Alguns vícios de linguagem, bem conhecidos e explorados como os citados "sair para fora" e "subir para cima", são fáceis de reconhecer e de evitar, mas existem outras redundâncias que usamos sem nos darmos conta. Veja algumas:

- Amanhecer o dia
- Conclusão final
- Em duas metades
- Encarar de frente
- Ganhar grátis
- Panorama geral
- Pequenos detalhes
- Repetir de novo
- Inaugurar um novo
- Planejamento antecipado
- Todos são unânimes

Para enriquecer a lista, é só ficar atento...

TAUTOLOGIA

Ainda no âmbito da redundância, outro vício de linguagem que merece atenção é a tautologia, que "consiste em dizer, por formas diversas, a mesma coisa", na definição do *Dicionário Aurélio*. Nesse caso, não se repetem as palavras, mas as ideias. Veja alguns exemplos:

Fumar faz mal à saúde porque o fumo é prejudicial ao organismo.
A frase repete o que já foi dito com a aparência de uma explicação, de um falso complemento.

O preconceito machista consiste na ideia preconcebida de valorização da figura do macho.
Um preconceito é uma ideia preconcebida; e o machismo se refere, claro, ao macho.

A trégua foi negociada pelos representantes internacionais, que conseguiram a suspensão dos bombardeios por 72 horas.
Trégua é exatamente uma suspensão das ofensivas de guerra.

"QUEÍSMO" E "DEQUEÍSMO"

Ao longo deste capítulo temos analisado a maneira como o uso inadequado de alguns recursos linguísticos pode prejudicar a coesão e a coerência de um texto. Também vimos que não só a omissão de termos contribui para a falta de inteligibilidade, pois, muitas vezes, é o emprego excessivo de um mesmo elemento que prejudica o encadeamento e a fluência do texto. O uso da palavra *que* é um bom exemplo. De tão frequente, ganhou até nome: "queísmo".

"QUEÍSMO"

A palavra *que* é incluída em várias classificações morfológicas e, por isso, pode desempenhar muitas funções sintáticas. Essa versatilidade favorece que seja utilizada com frequência. Mas sua repetição numa frase, mesmo com funções diferentes, pode empobrecer o texto ou sugerir um registro próprio da oralidade, o que nas correções oficiais é considerado desvio. Mas, no dia a dia, até mesmo dos grandes jornais... haja *que*!

Leia esta notícia:
> Reino Unido, Noruega, Itália, Alemanha, Líbano. Em tempos de Copa do Mundo, o *que* parece ser a listagem das seleções *que* aportam no Brasil para a maior disputa de futebol do mundo também é o anúncio de um grande time, mas de brasileiros *que* defendem a nossa literatura em terras além-mar. A partir de amanhã e até o dia 21 (quarta-feira), a UFJF recebe o II Encontro Mundial de Escritores Brasileiros no Exterior, *que* reúne diversos especialistas da área *que* têm atuado em prol da arte literária do Brasil em diversos países.
> (*Tribuna de Minas*, 18-5-2014)

Percebe como o excesso de "ques" compromete a fluência e a elegância do texto? Não precisava tanto, não é? Veja como é possível trabalhar um pouco na ordenação das frases para retirar esse excesso, sem comprometer a mensagem:

> Reino Unido, Noruega, Itália, Alemanha, Líbano. Em tempos de Copa do Mundo, essa poderia ser a listagem das seleções *que* chegam ao Brasil para a maior disputa de futebol do mundo. Mas é o anúncio do grande time de defensores da literatura brasileira em terras além-mar. A partir de amanhã e até o dia 21 (quarta-feira), a UFJF recebe o II Encontro Mundial de Escritores Brasileiros no Exterior, reunindo diversos especialistas da área atuantes em prol da arte literária do Brasil em diversos países.

Vejamos outros exemplos:
> [...] O Ministério Público havia manifestado pelo arquivamento das investigações por concluir *que* não havia dúvidas *que* foi mesmo o menino Marcelo *que* matou a família [...] A advogada dos familiares do menino manifestou "inconformismo ante a completa falta de interesse em apurar a verdade dos fatos". Diz *que* muitas falhas foram trazidas às autoridades, mas *que* nada foi feito. Demonstrou *que* muita coisa estava errada e ainda está.
> (*Folhapress*, São Paulo. Publicado inicialmente em *Amazônia*, Belém, 13-6-2014)

CONSTRUÇÃO DOS ARGUMENTOS

Observe como ficaria o mesmo texto depois de uma "faxina" estilística:
O Ministério Público solicitou o arquivamento das investigações, por concluir não haver dúvidas de que o menino Marcelo matou a família. [...] A advogada dos familiares da criança manifestou "inconformismo ante a completa falta de interesse em apurar a verdade dos fatos". Segundo ela, muitas falhas foram trazidas às autoridades, mas nada foi feito. Muita coisa estava errada e ainda está.

Justiça decide até junho com quem vai ficar a área disputada
O ouvidor agrário regional do Instituto Nacional da Colonização e Reforma Agrária (Incra) informou *que* o órgão aguarda decisão da Justiça de Presidente Kennedy [...] Com relação às prisões, ele ressaltou *que* o Incra está acompanhando, mas ressaltou *que* se trata de uma situação alheia ao processo de ocupação e *que*, neste caso, é um papel de apuração *que* cabe à Polícia Civil e não ao instituto [...]

(*A Tribuna*, Vitória, 23-5-2014)

Nesse texto chama atenção não só o uso excessivo do "que", como a repetição do verbo "ressaltar".
O ouvidor agrário regional do Instituto Nacional da Colonização e Reforma Agrária (Incra) informou que o órgão aguarda decisão da Justiça de Presidente Kennedy [...] Segundo o ouvidor, o Incra está acompanhando as prisões, mas, por se tratar de uma situação alheia ao processo de ocupação, o papel de apuração cabe à Polícia Civil e não ao instituto [...]

Veja como os textos ficaram mais limpos e fluentes. A repetição viciosa de um elemento, não só da palavra quê, pode sugerir insegurança, dificuldade vocabular, escrita titubeante.

PARA TREINAR

Os trechos a seguir foram extraídos de uma reportagem sobre alimentação, publicada no jornal *Estado de Minas*, em 15 de julho de 2014. O desafio é cortar, de cada trecho, pelo menos um dos "quês". Vamos lá?

> [...] garante que sua vida mudou desde que incorporou a marmita à rotina, há cerca de um ano. "Não adoeço mais, sem contar que não sinto mais aquele peso e sono depois do almoço."

Essa é fácil:

> [...] garante que, há cerca de um ano, sua vida mudou com a incorporação da marmita à rotina: "não adoeço mais nem sinto mais aquele peso e sono depois do almoço".

E, se quiser ser mais radical:

> Com a incorporação da marmita à rotina, sua vida mudou, garante ele, afirmando não sentir mais aquele peso ou sono depois do almoço.

> "É um preço muito pequeno que se paga pela quantidade de benefícios que incluem mais disposição e menos cansaço."

Só ficou um:

> "É um preço muito pequeno a se pagar pela quantidade de benefícios que incluem mais disposição e menos cansaço".

Não ficou um:

> "Paga-se um preço muito pequeno pela quantidade de benefícios, incluindo mais disposição e menos cansaço".

"Gosto de saber o que estou comendo, o que não ocorre quando almoço na rua. Sem contar que quando não se sabe como a comida é feita, é muito comum que as pessoas passem mal."

Note que a ideia não é exterminar o *que*:

"Gosto de saber o que estou comendo, e isso não ocorre quando almoço na rua. E, ainda por cima, não se sabe como a comida é feita, é muito comum passar mal."

"Quando almoço na rua não sei o que estou comendo e quando não se sabe como a comida é feita é muito comum passar mal."

DEQUEÍSMO

É comum ocorrer o uso indevido da preposição *de* antes da conjunção *que*. Infelizmente, esse é um vício que tem se propagado como vírus, contaminando a coesão e o estilo tanto na comunicação oral quanto na escrita.

Mas, quando e como usar corretamente o *de que*? A resposta é simples: quando o verbo pede o *de*, isto é, quando o verbo for usado como transitivo indireto. Observe os exemplos:

Como foram informados de que não haveria espetáculo aquela noite, concluíram de que a cortesia oferecida era uma fraude.

E então? Há algo estranho, não é? Vamos analisar:

"Foram informados de que" – perfeito (informados de ou sobre alguma coisa). Já "concluíram de que" não é uma construção correta (concluir alguma coisa, e não *de* alguma coisa), ainda que seja comum ouvirmos isso, talvez pela confusão com o substantivo derivado do verbo, que pede a preposição: "chegaram à conclusão *de que* a cortesia era uma fraude".

Para reforçar o entendimento desse assunto, lembre-se:

» Alguns verbos podem ter dois complementos, como o verbo informar, por exemplo (informar alguém de alguma coisa). Nesses casos usa-se a preposição antes do complemento indireto:
Informou os clientes de que não haveria espetáculo naquela noite.

» E muitos gramáticos admitem que não se use a preposição diante do complemento indireto:
Informou os clientes que não haveria espetáculo naquela noite.

» O que é considerado erro é usar a preposição se o complemento direto não estiver enunciado:
Informou de que não haveria espetáculo naquela noite.

Percebe como fica estranho?

Então, para não mais errar – evitando o "dequeísmo" ou deixando de usar a preposição quando necessária – preste atenção à regência do verbo, que você poderá estudar melhor no capítulo 2, sobre a primeira competência avaliada pelo Enem – "Domínio da língua portuguesa", que trata do tema regência. Se o verbo da frase pedir a preposição *de*, essa preposição precisa aparecer antes da conjunção. Se não pedir, ou se o outro complemento não estiver presente, ela não deve ser usada.

Estruturação dos parágrafos

Ao explicar a quarta competência do Enem, que diz respeito aos mecanismos necessários à argumentação, o *Guia do participante – 2013* faz algumas recomendações para um bom encadeamento textual. Segundo as diretrizes dessa competência, cada ideia nova precisa estabelecer relação com as anteriores e, assim, cada parágrafo será composto de um ou mais períodos também articulados.

Devem também ser observados determinados princípios, em diferentes níveis, para garantir a coesão textual:

- ESTRUTURAÇÃO DOS PARÁGRAFOS: um parágrafo é uma unidade textual formada por uma ideia principal à qual se ligam ideias secundárias. No texto dissertativo-argumentativo, os parágrafos podem ser desenvolvidos por comparação, por causa-consequência, por exemplificação, por detalhamento, entre outras possibilidades. Deve haver uma articulação entre um parágrafo e outro.
- ESTRUTURAÇÃO DOS PERÍODOS: pela própria especificidade do texto dissertativo-argumentativo, os períodos do texto são, normalmente, estruturados de modo complexo, formados por duas ou mais orações, para que se possa expressar as ideias de causa-consequência, contradição, temporalidade, comparação, conclusão, entre outras.

Mas, antes de analisar a estruturação de parágrafos de alguns textos, vale recordar a própria noção de parágrafo e seus elementos principais.

Parágrafo

O parágrafo pode ser definido como um conjunto de frases que formam uma sequência lógica, que expressam um sentido.

Essa unidade pode variar em termos de características, dependendo da finalidade e do público do texto. Em artigos científicos, que exigem muitas vezes explicações mais detalhadas ou complexas, os parágrafos costumam ser mais longos. Já nas chamadas de notícias, nos textos infantis ou mais fundamentais, os parágrafos tendem a ser mais curtos, naturalmente. Mas não há um número rígido ou estanque. Em redações de trinta linhas, como as dos vestibulares, é preciso distribuir os parágrafos de forma homogênea. Bom senso é a chave para fazer isso.

> Além do tamanho, os parágrafos variam de acordo com a tipologia textual. Nas narrativas, eles trazem diálogos e relatos de ações, enquanto nos textos descritivos encadeiam argumentos detalhados, comparações e adjetivos para permitir que o leitor apreenda o que está sendo descrito. Nos textos dissertativos, os parágrafos estão divididos em introdução, desenvolvimento e conclusão.
>
> Mas, não importa o tipo ou o tamanho, o parágrafo sempre deve apresentar o tópico frasal, ou seja, a ideia central, que orienta a construção dos demais períodos secundários. O tópico frasal funciona como um roteiro de desenvolvimento. A ideia central geralmente vem no começo do parágrafo e é detalhada pelos períodos subsequentes. Existem diversas maneiras de se desenvolver o tópico frasal: por exemplificação, por confronto, por análise, por detalhamento, etc.

Ao tratar do tema pontuação, no capítulo dedicado à primeira competência, usamos como exemplo alguns trechos de uma extensa reportagem publicada no jornal *A Gazeta*, de Vitória, sobre a exposição de um artista plástico do Espírito Santo. Vamos retomar esse texto para avançar no estudo do parágrafo, uma vez que a estruturação de parágrafos está intimamente ligada à pontuação.

> Colnago passeia pelo interior
> *[...] Exposição "Encantado", de Attilio Colnago, vai até o público de cidades do interior do estado.*
>
> Attilio Colnago, um dos artistas plásticos capixabas de maior relevância da contemporaneidade, expõe, em cidades do interior do Estado, desde o final de novembro de 2013, desenhos, pinturas e objetos na mostra itinerante "O Encantado: desenhos, pinturas e objetos de Attilio Colnago", uma parceria entre a Secretaria Estadual de Cultura e Prefeituras Municipais.

Seu início aconteceu em Cachoeiro de Itapemirim, onde permaneceu até o final de janeiro passado. Até o carnaval, as 25 obras encantaram os espectadores de Ibiraçu, no Centro Cultural Roque Peruch. Agora, elas estão em Santa Maria de Jetibá, para depois percorrer Nova Venécia e São Domingos do Norte, cidade natal do artista.

É a primeira vez que Attilio expõe suas obras de forma sistemática em cidades capixabas das regiões sul, centro, das montanhas e norte. Oportunidade de serem vistas por um público que dificilmente teria a chance de se deslocar para visitar o final desse percurso, que ocorrerá em Vitória, no Museu de Arte do Espírito Santo, em 2015.

(*A Gazeta*, Vitória, 15-3-2014)

COMENTÁRIOS

A notícia da exposição de um artista capixaba ganha destaque no jornal de Vitória. Entretanto, o primeiro parágrafo, depois de um *lead* extenso, que ficaria melhor no corpo da reportagem, repete como texto os termos desenhos, pinturas e objetos, que já estão presentes no título da exposição, mencionado logo a seguir. Como o nome do artista faz parte do título da exposição, Attilio Colnago é repetido três vezes no primeiro parágrafo.

"Seu início aconteceu em Cachoeiro de Itapemirim, onde permaneceu até o final de janeiro passado."

Já vimos que é preciso tomar cuidado com o pronome *seu*, que costuma causar muita confusão. No exemplo acima, evidentemente o pronome refere-se à exposição, mas à primeira vista causa um estranhamento, pois o nome do artista está mais próximo e o substantivo "exposição", ainda que sugerido, não está presente na frase, o que reforça a ambiguidade.

PROPOSTA DE EDIÇÃO

Colnago passeia pelo interior
Exposição de Attilio Colnago vai até o público de cidades do interior do estado.

Desde o final de novembro de 2013, a mostra itinerante "O Encantado: desenhos, pinturas e objetos de Attilio Colnago" está sendo apresentada em diversas cidades do Estado. Dificilmente os habitantes do interior teriam a chance de conhecer o trabalho desse artista plástico capixaba de grande relevância na arte contemporânea.

Resultado de uma parceria entre a Secretaria Estadual de Cultura e Prefeituras Municipais, a exposição teve início em Cachoeiro de Itapemirim, de lá seguiu para Ibiraçu e, agora, encontra-se em Santa Maria de Jetibá. As próximas cidades a receberem a exposição serão Nova Venécia e São Domingos do Norte, cidade natal do artista.

O ponto final desse percurso será o Museu de Arte do Espírito Santo, em Vitória, programado para 2015.

As 25 obras apresentadas são o resultado de estudos e experimentações que fundamentam suas criações artísticas há mais de 36 anos como professor, pintor, desenhista e restaurador, dentre tantas outras atividades.

A lógica do texto

Neste capítulo, tratamos da organização do texto e da construção da argumentação. Vimos como a inter-relação entre orações, frases e parágrafos leva ao encadeamento lógico das ideias. Essa articulação, portanto, se dá tanto no nível textual (linguagem) quanto no intertextual (referências de outros textos e de nosso conhecimento do mundo).

Do ponto de vista da organização, estudamos alguns dos recursos linguísticos que interferem em sua coesão, como conjunções, advérbios e locuções, questões ligadas à ambiguidade e à redundância, e a estruturação de parágrafos, aspecto fundamental para a lógica da argumentação.

Já intertextualidade está relacionada ao universo de conhecimento do autor e às informações que ele tem sobre o assunto a ser tratado. Nesse momento, é importante recuperar o conhecimento adquirido sobre o conteúdo, não só o que foi discutido nos textos motivadores como as informações e correlações que podemos fazer com o tema a partir de nossa vivência e da leitura de jornais, revistas e livros. O movimento seguinte é unir suas próprias reflexões para, então, cuidar do tratamento do assunto para atingir o objetivo proposto.

Em resumo, para que o texto seja desenvolvido de maneira lógica e coerente, é preciso entender o que está sendo pedido, qual o ponto de partida, o caminho a seguir e onde se quer chegar.

No início do capítulo ouvimos o conselho do Rei ao Coelho Branco sobre a melhor forma de começar sua narrativa. Então, para terminar no mesmo tom, vamos a outro diálogo do livro *Alice – Aventuras de Alice no país das maravilhas*.

– Podes dizer-me, por favor, que caminho devo seguir para sair daqui?
– Isso depende muito de para onde queres ir – respondeu o gato.
– Preocupa-me pouco aonde ir – disse Alice.
– Nesse caso, pouco importa o caminho que sigas – replicou o gato.

o posicionamento do autor

O *Guia do participante do Enem – 2013* deixa bem claro o que se espera do candidato na avaliação da quinta competência nas redações, que trata da proposta de intervenção para o problema abordado.

Além da tese sobre o tema, que deve estar apoiada em argumentos sólidos, o autor precisa apresentar um posicionamento pessoal sobre o problema ou assunto analisado.

A proposta de intervenção precisa ser detalhada, de modo a permitir ao leitor o julgamento sobre sua exequibilidade (ou seja, executar com equilíbrio); portanto, deve conter a exposição da intervenção sugerida e o detalhamento dos meios para realizá-la. A proposta deve, ainda, refletir os conhecimentos de mundo de quem a redige, e a coerência da argumentação será um dos aspectos decisivos no processo de avaliação. É necessário que ela respeite os direitos humanos, que não rompa com valores como cidadania, liberdade, solidariedade e diversidade cultural.

com a palavra, o candidato

A última competência solicitada pelo Enem é avaliada de modo bastante exigente. Corresponde a 200 pontos, como as outras quatro (correção ortográfico-gramatical, adequação ao tema e ao tipo textual, seleção e organização argumentativa, e coesão textual, analisadas nos capítulos anteriores.

A experiência, entretanto, aponta para a singularidade dessa competência. Nela, o candidato tem a oportunidade de mostrar a sua identidade, de opinar, de ter um diferencial, e explicaremos por quê.

Até então a grade de correção é rígida. Por exemplo, se uma palavra é escrita de forma incorreta (*excessão* em vez de *exceção*), pontos são retirados, por uma única razão: *exceção* se grafa com ç e não se discute o fato; como também se houver um desvio do tema ou se a ideia apresentada for vaga, se faltarem palavras para proporcionar seu entendimento; enfim, como já dito anteriormente, é igualzinho a uma prova de ginástica olímpica: começa-se com 100 pontos, e eventuais descontos são feitos de acordo com regras preestabelecidas de avaliação de desempenho.

As competências 1, 2, 3 e 4 são respaldadas também por diretrizes, regras, todas formalizadas nas gramáticas. Portanto, é um modelo a ser seguido, com normas a serem respeitadas.

A observância dos preceitos gramaticais nos remete a um dito popular: "manda quem pode, obedece quem tem juízo". Mas e a criatividade? Onde fica?

Esta última avaliação talvez seja a única em que o candidato tem mais liberdade para criar, para refletir, para desenvolver uma nova ideia, ser autoral e, consequentemente, original. E aí pode estar um belo diferencial do autor.

Para entender melhor a correção, é preciso tomar muito cuidado para não incidir nos seguintes parâmetros:

- » SNA – Solução Não Articulada
- » SE – Solução Extrema
- » SI – Solução Inadequada
- » SV – Solução Vaga
- » DVH – Desrespeito aos Valores Humanos
- » DDS – Desrespeito à Diversidade Cultural
- » SINC – Solução Incompleta

Vamos conversar e pensar juntos sobre dois temas que já caíram na Universidade Federal do Rio Grande do Sul.
» 2015: Na sua opinião, o que é amizade nos dias de hoje?
» 2013: O papel e os limites do humor na sociedade.

Comecemos pelo tema de 2013, "O papel e os limites do humor na sociedade".

O que poderia ser considerado uma solução não articulada? Propor, por exemplo, algo que não tenha a ver com o tema: "os canais tanto os fechados quanto os abertos deviam fazer uma prévia diária do que é humor".

E uma solução extrema? Qualquer proposta relativa a censor, censura e afins deve ser analisada com muito cuidado e, preferencialmente, combatida. Não é o fato de se proibir, de se censurar, que fará os cidadãos mudarem a forma de seu pensamento. A reflexão e o debate é que farão, sim, a mente se abrir.

Uma solução incompleta seria aquela que teve um início, um parco desenvolvimento e, de repente, o texto termina. Ou porque acabou a ideia do candidato, ou porque ele não soube administrar seu tempo e aí se confundiu; às vezes porque o número de linhas é insuficiente; porque o fiscal já está puxando sua prova. São tantas as razões...

Para exemplificar uma solução indesejada ou inadequada, vamos tomar a proposta de 2015, o tema sobre a amizade nos dias de hoje. Com certeza, essa seria a avaliação da banca para uma solução que versasse sobre que é preciso fazer para se ter cada vez mais amigos, sem cuidar ou se importar com os antigos. Concorda?

E, seja lá para qual tema for, qualquer desrespeito aos direitos humanos e à diversidade cultural está absolutamente fora de questão!

Você pode até achar (esse é um direito que lhe assiste) que o Brasil deveria adotar a pena de morte, assim como na China ou no Afeganistão. Só que essa solução desrespeita os direitos humanos tal como são garantidos em nosso país. Logicamente, não é de bom tom propor algo que os fere.

Analisemos, agora, algumas conclusões de candidatos ao Enem de 2015. O tema foi "A nudez feminina é uma forma correta de manifestação política?".

O candidato P.L. escreveu:

> Umas escondem tudo, pois têm medo; outras, mostram muito, mais que o suficiente. A sociedade machista impõe à mulher um padrão referente ao seu corpo, o qual dito como perfeito é moldado por curvas, cintura fina e longas pernas, com o mínimo de roupas possíveis. E são, pela visão do homem machista, esses objetos que protestam apenas utilizando a si mesmo como armas, buscando a igualdade.

P. L. parece não ter entendido direitinho o que era para fazer, pois somente na penúltima linha tangencia o tema.

Propõe algo? Não! Sugere alguma medida? Posiciona-se contra ou a favor do tema? Também não! Tal conclusão certamente receberia um SNA, ou Solução Não Articulada, e lá se foram quase 200 pontos.

Vejamos agora o texto de outro candidato; aliás, uma candidata:

> Desde meados do século passado, o movimento feminista vem mudando a visão que o mundo tem da mulher. Lutando contra sensos comuns vigentes há vários séculos, o antigo sexo frágil aspira a direitos iguais. Hoje, no século XXI, muitas dessas reivindicações já foram atendidas. Dessa maneira, manifestações mais radicais como a dos anos 60 e a exposição do corpo feminino como forma de protesto já não são mais tão necessárias.

Interessante, não? Texto claro, bem estruturado, bom vocabulário... você concorda? Pois é! Só um detalhe: em nenhum momento ela sugeriu ou propôs algo... Que pena! Aliás, mais parece uma introdução! Um SV (Solução Vaga) mais um SINC (Solução Incompleta) rebaixariam a candidata.

Vejamos um terceiro texto, também de uma candidata:

> Mulher. Tema e princípio das mais belas artes. Inspiração nascida entre suspiros. Figura tão almejada e desejada por aqueles os quais, durante anos, as limitaram e as subestimaram. O cenário moderno permitiu exibi-las ao mundo. E mostrar que, percorrente o tempo, possuem agora o poder em suas mãos. Hoje, ao reivindicarem seus direitos, se encontram em um terreno de dúvidas em que não se sabem os limites da luta.

Bonito, não? Você gostou? Pois é... mas nem pensar em redigir algo similar ao poético numa prova do Enem ou em qualquer outro concurso em que seja exigida uma dissertação (argumentativa ou não). O fato de estar bem escrito não contempla o que se espera: é preciso haver alguma intervenção. Simples ou mais complexa, ela é obrigatória. Ok?

Continuando nossa análise, vamos ver alguns posicionamentos dos candidatos, no último parágrafo de suas redações, sobre o tema "futilidade do consumismo desenfreado, que impera nos dias atuais".

O Thales assim escreveu:

> Os valores e princípios sociais necessitam de reparos no intuito de amenizar as consequências da futilidade. Uma intervenção governamental na educação, por meio de mais aulas e feiras culturais, que demonstrem as atitudes corretas de um cidadão consciente quanto à convivência em grupo e aos padrões consumistas, é fundamental para o desenvolvimento de uma sociedade menos leviana.

Legal, né?! Texto simples, bem articulado, com boa intervenção social, respeitosa e completa. Tudo o que uma banca deseja!

E a Giulia posicionou-se da seguinte forma:

> A futilidade caminha junto ao egoísmo para fazer das pessoas seres vazios e insatisfeitos e objetos maleáveis pelos líderes. A disseminação da informação e a erradicação das interações benéficas entre os homens são a principal forma de combater tal processo. Desde a infância, os indivíduos devem ser alertados dos males do consumismo e da ignorância, assuntos que deveriam ser explorados em todas as escolas do país, em matérias como Sociologia ou Filosofia. Com a mudança da mentalidade contemporânea, as próprias empresas repensariam suas formas de marketing e as mídias veiculariam assuntos de real importância e a democracia, finalmente, tornar-se-ia justa e eficaz.

Muito bem! Muito boa conclusão! Giulia foi claríssima e objetiva. E não focou somente um elemento, mas vários, como as escolas, as empresas e mídias sociais.

Leia agora o texto da Cecília:

> Ao homogeneizar a sociedade, interesses convergirão. A diferença é inerente à criação da cultura e a identidade populacional deve ser mantida, mas em relação à diversidade de costumes e conhecimento. O aspecto que necessita de mudança é a desigualdade no acesso à educação, infraestrutura, saúde, assim como todos os direitos humanos listados na Declaração Universal. Por meio de investimentos percentuais crescentes dos PIBs de cada nação na educação primária e de reformas infraestruturais nos grandes centros urbanos – para melhor qualidade e funcionamento –, a sociedade global ficará mais justa e igualitária. Assim, conceitos de futilidade permanecerão, mas serão reduzidos à medida que o mundo se unifica.

Que tal? Incrível, não? E o mais interessante é que o leitor, no caso, nós, acha que ela começa fugindo do assunto... mas não... é uma técnica. Só isso! Você primeiramente conceitua, liga as ideias e somente ao final se posiciona.

Boas práticas em sua caminhada

Para ajudar a reflexão sobre o encadeamento lógico do raciocínio, na conclusão consistente de sua redação, vamos rever pontos fundamentais dessa quinta competência.

JAMAIS REDIJA O ÓBVIO OU TERMOS VAGOS

Alguns termos ficaram banalizados e são usados indiscriminadamente, como clichês ou chavões. Por exemplo, não adianta falar em conscientização (palavrinha amada por alguns candidatos) e não explicar como incentivá-la.

Voltando ao tema "futilidade", desenvolvido pelo Thales, pela Giulia e pela Cecília, vamos ver como Giovanna complementa sua argumentação:

> Torna-se evidente, desta forma, que a futilidade caminha por uma estrada rumo ao irreversível, sendo difícil combatê-la. Vale ressaltar, porém, que – por ser um malefício de raízes culturais – a educação possui o papel mais importante dentre as instituições sociais. Junto a ela, a mídia, através do reconhecimento de sua função como elemento transformador do indivíduo, deve ajudar por meio da veiculação de notícias que instiguem o pensamento crítico nos indivíduos. Com mudanças na base social – auxiliadas pelo engajamento familiar – será possível fazer florescer novas gerações que saibam reconhecer os valores dos cravos – não apenas a beleza das rosas.

Este finalzinho pode lhe parecer estranho, mas sabe qual é o título dessa redação? "O cravo do povo". Portanto, Giovanna está de parabéns. Além de estabelecer corretamente o elo entre título e texto, não cai no lugar-comum, no previsível, e propõe soluções bastante sérias e possíveis em vez de ficar divagando como, infelizmente, alguns fazem.

SEJA OBJETIVO

No exemplo acima, vimos um bom exemplo de articulação entre os diversos aspectos do tema, numa proposta claramente autoral da candidata Giovanna, que trata das dimensões individuais, familiares e culturais do comportamento fútil. Sobre o mesmo tema, mas com uma abordagem mais objetiva, o candidato Victor propôs:

> Torna-se evidente que a futilidade irreversível presente na sociedade atual causa a mercantilização do status social e o aumento da perversidade humana. Para amenizar tal quadro, as soluções mais viáveis são um maior controle sobre a mídia para a diminuição de propagandas exageradamente consumistas que incentivem a compra de um status imaginário e uma maior participação, tanto da sociedade quantos dos governos, de debates em escolas, nas comunidades, nas cidades de pequeno porte, algumas tão abandonadas neste Brasil, para se obter a imersão de jovens nos problemas que os cercam. Nada pior do que não se envolver nos problemas do seu bairro, da sua comunidade, da sua cidade. E muito pior, do seu país.

Dois textos que tratam da futilidade de um ponto de vista comum, mas de estilos bem diferentes. Enquanto a Giovanna é mais abrangente e subjetiva ao apresentar sua visão do problema, o Victor é mais contundente e direto, com propostas de algum controle da mídia e de engajamento social como contraponto à futilidade do consumismo.

Ambos dão conta do recado e mostram que têm atitude e opiniões.

ENUMERAR AS SOLUÇÕES É UMA BOA PRÁTICA

Para comparar melhor os exemplos de intervenção autoral, vamos continuar com o tema "futilidade", analisando como outro candidato, o Renan, fechou seu texto:

> É inviável reverter o quadro consumista na sociedade, contudo há três soluções para atenuar os malefícios gerados para resultar numa melhor convivência: aprofundar leis já criadas, evitando a propaganda infantil em determinados horários, com punições em casos de desobediência; incentivos estatais financeiros a emissoras de televisão para divulgar em programas (cujo público-alvo sejam os pais) dicas e sugestões para ajudar no consumo econômico dos filhos e a criação de uma disciplina escolar para envolver a cidadania e aprender a se relacionar sem envolver interesses materiais.

A conclusão ressalta as propostas do autor e torna bastante clara a sua posição.

DIREITOS HUMANOS E SOLUÇÕES CRIATIVAS

Arthur foi feliz quando, nas últimas linhas, escreveu: "... além disso, seria de extrema valia a criação de ONGs que visassem à redução do consumismo e elaborassem projetos aprofundados sobre as relações sociais, mostrando sua real importância. O caminho está traçado. Basta ter a coragem de dar o primeiro passo".

DIVAGAÇÕES NÃO SÃO BEM-VINDAS NEM BEM-VISTAS

> O futuro é incerto, mas do jeito que as coisas estão indo só não pode ser coisa boa. A solução talvez possa vir desses meios midiáticos ao ponto de manipular a sociedade, só que com coisas de valor e úteis.

Nós combinamos que o tema dos textos analisados seria "futilidade". Ainda bem, pois quem não tem essa informação dificilmente saberia sobre o que o autor estava falando.

ATENÇÃO PERMANENTE ÀS REGRAS GRAMATICAIS

Uma aluna, ao redigir, na conclusão de sua dissertação, que "acreditasse que o mundo é habitado por pessoas *futeis* e *concientes* em relação *as ocorrencias* ao redor *deles*", perdeu bastantes pontos...

E, POR FIM...

Recomendamos buscar ideias boas e criativas, sempre!
E cuidar para que a letra seja legível.

TRECHO DE REDAÇÃO MANUSCRITA.
A letra torna o texto quase indecifrável.

Releia este livro sempre que surgirem dúvidas.

Crescemos desta forma: erramos, consertamos e melhoramos. E com o texto não poderia ser diferente.

Desejamos a você sucesso total! E que você consiga o que deseja: crescer no seu trabalho; ingressar no curso escolhido via Enem; ser aprovado no concurso tão esperado.

Seja qual for seu sonho, tomara que ele se concretize.

Edição de texto e redação profissional

Ao longo deste livro tratamos de diversos aspectos da redação voltada para concursos e vestibulares – que, em sua essência, não é diferente de qualquer redação, já que os pressupostos básicos são clareza, correção e argumentação coerente, como convém a todos os textos. Ao trabalhar os conteúdos de cada competência, vimos também diversos exemplos de edição de textos jornalísticos, com sugestões para torná-los mais claros, coerentes e, algumas vezes, apenas corretos do ponto de vista das normas da língua portuguesa. Mas é claro que existem textos com finalidades específicas, como as monografias e as dissertações, os relatórios técnicos ou gerenciais e as comunicações administrativas, entre outros tipos de redações, que implicam exigências particulares, dependendo de seu objetivo.

Neste capítulo, vamos tratar de forma mais aprofundada a edição de texto e o tratamento da informação, segundo a perspectiva das redações profissionais e empresariais.

Por causa do desenvolvimento de certos recursos de informática, algumas pessoas podem achar que o trabalho de edição de texto não é mais necessário, pois para isso existem os corretores de texto associados a *softwares* de redação, que se encarregam de marcar com "cobrinhas" vermelhas o que não está de acordo com o vocabulário ou os padrões de ortografia e gramática. Ok, corrigir ele corrige, até automaticamente, se você escolher essa opção; mas uma edição vai muito além da simples verificação ortográfica. É uma espécie de revisão qualitativa, um momento de avaliar conteúdo e forma, de perceber as redundâncias e as possíveis incoerências, de aprimorar o estilo, de cortar as repetições, de mudar algumas palavras, de tornar o texto mais elegante. Enfim, uma etapa de acabamento. E um bom acabamento, convenhamos, é fundamental.

Antes de prosseguir, vamos dar uma olhada num comunicado emitido pela Universidade Federal do Rio de Janeiro, que deu o que falar. E não era para menos:

> Prezado(a) aluno(a)
>
> A prática do trote humilhante, vexatório e indígno é proibida na UFRJ e aquele que a promovem e, também os que dela participarem estarão sugeitos ás penalidades previstas na legislação pátria e na interna da UFRJ.
> Atenciosamente
>
> SUPERAR – Sperintendência de Acesso e Registro – PR-1/UFRJ

Parece piada. Seria bom se fosse, mas, infelizmente, o texto, de fato, foi produzido por uma superintendência da universidade. O jornal *O Globo* publicou uma notícia sobre a repercussão do comunicado nas redes sociais:

> **Nota da UFRJ cheia de erros vira piada**
> *Texto, que ganhou redes sociais, tinha problemas de grafia e concordância.*
>
> Um comunicado oficial emitido pela UFRJ anteontem à tarde virou motivo de piada entre estudantes nas redes sociais. No texto enviado por e-mail aos alunos há erros graves de grafia e acentuação, como "sugeitos" e "indígno", além de problemas de concordância verbal e nominal, nos trechos

"aquele que a promovem" e "ás penalidades", como antecipou o blog da coluna Gente Boa, de O Globo.

O texto é assinado pela "SUPERAR – Sperintendência (sic) de Acesso e Registro – PR-1/UFRJ" e comunica a proibição de trotes vexatórios e humilhantes. O aviso virou alvo de comentários irônicos num grupo no Facebook formado por alunos do Centro de Tecnologia da UFRJ. Um estudante chegou a duvidar da autenticidade do comunicado: "Isso não pode ser sério. Tem muito erro", postou ele. Outra aluna escreveu a palavra "sugeitos" acompanhada da foto de um menino com a mão no coração e a frase: "Ai meu corassaum".

Em outra foto postada, o professor de língua portuguesa Pasquale Cipro Neto apareceu com uma nota de reprovação. Um universitário fez um trocadilho com a sigla da Superintendência de Acesso e Registro, escrevendo que "dessa vez eles se SUPERARAM". Horas depois de o e-mail original ter sido transmitido, já na madrugada de ontem a UFRJ enviou novo comunicado, com o texto corrigido.

Procurada pelo O GLOBO, a UFRJ informou que o e-mail foi enviado por engano, antes de o servidor responsável conferir a redação do texto. Segundo a nota divulgada, "logo depois do disparo, o informe foi disparado com as devidas correções". Ainda de acordo com a nota, a UFRJ aproveita para reforçar o compromisso da reitoria em alertar para a prática de trotes vexatórios na universidade. Os estudantes que se sentirem intimidados a participar de alguma prática podem entrar em contato com a ouvidoria através do site www.ouvidoria.ufrj.br.

(*O Globo*, 20-2-2014)

Vexatório é um comunicado desses ser produzido em uma universidade, e a justificativa ser a falta de revisão! É inadmissível que algum funcionário de uma universidade cometa esses erros.

Enfim, fora os casos extremos em que o redator parece não ter o mínimo de conhecimentos indispensáveis, para todos os textos pessoais ou profissionais vale a recomendação: não publique ou divulgue nada sem ler e reler.

O trabalho de edição

A edição de texto é uma atividade imprescindível nos veículos de comunicação, nas editoras, nas agências de notícias e nas assessorias de imprensa, que contam com profissionais especializados, contratados ou terceirizados, para essa função. Mas todas as pessoas que precisam escrever profissionalmente devem desenvolver uma prática de edição em relação aos textos que elaboram. Ainda que possa parecer radical, dá para afirmar que não há redator que possa dispensar a leitura de um revisor. E quando não dispomos de um profissional para cuidar da correção e da fluência de nossos textos, o jeito é encarar essa tarefa e, com muita atenção, reler o que foi escrito de maneira o mais isenta e cuidadosa possível.

O compromisso com a precisão, o rigor, a legibilidade e a facilidade de compreensão do que se pretende transmitir deve ser o propósito da edição de texto.

O trabalho do editor consiste de três etapas fundamentais: leitura, avaliação e interferência. Nem sempre é possível ler todo o texto antes de começar a trabalhar nele, principalmente no caso de livros e relatórios, mas é importante fazer um reconhecimento de campo, ou seja, conhecer as circunstâncias de produção e utilização do texto. Depois, ele avalia o material do ponto de vista de sua qualidade e pertinência; só então começa efetivamente o seu trabalho de intervenção no texto.

Assim, definidos os aspectos externos (público, objetivo, proposta do texto, etc.), a primeira questão a ser colocada é: como determinar a qualidade de um texto, ou seja, como saber se ele está bem escrito? Como definir o que deve ser modificado, alterado, ou mesmo cortado? É importante lembrar que a função do editor de texto não é corrigir erros, mas sim deixar o texto claro e acessível ao seu público, coerente com as normas estabelecidas pela empresa.

Em seu cotidiano, o editor usa basicamente os dicionários (de sinônimos, analógicos, técnicos, de citações, entre outros), algumas gramáticas, o Vocabulário Ortográfico da Língua Portuguesa (VOLP) e os manuais de estilo publicados pelos principais jornais e revistas, que estabelecem regras de normalização, padronização, citações, uso de recursos gráficos ou visuais e servem de orientação para o trabalho, além de sites e páginas da internet, hoje indispensáveis em qualquer pesquisa.

Entretanto, manuais, dicionários e gramáticas ficam restritos a regras e recomendações sobre o que é certo ou errado do ponto de vista gramatical. O editor de texto não tem onde buscar um apoio para tomar decisões sobre estilo, aspectos da comunicação, construção lógica e argumentação. Nesse ponto, ele pode ficar um pouco perdido caso não tenha muita experiência, já que, na verdade, seu aprendizado é prático.

Então voltamos ao velho ponto: treinar, praticar, ampliar o universo de conhecimentos e também o vocabulário, ler muito e, sempre que tiver alguma dúvida técnica, recorrer aos dicionários e às gramáticas.

A seguir, outro exemplo de edição de um texto extraído de jornal. Observe o encadeamento proposto na nova redação.

> **Justiça decide até junho com quem vai ficar a área disputada**
> O ouvidor agrário regional do Instituto Nacional da Colonização e Reforma Agrária (Incra), Girley Vieira da Silva, informou que o órgão aguarda decisão da Justiça de Presidente Kennedy.
> A corte ficou de decidir até junho com quem fica a fazenda Santa Maria, objeto de disputa entre o órgão e os proprietários.
> Com relação às prisões, ele ressaltou que o Incra está acompanhando, mas ressaltou que se trata de uma situação alheia ao processo de ocupação e que, neste caso, é um papel de apuração que cabe à Polícia Civil e não ao instituto.

> Girley ressaltou que no final de abril, logo após as primeiras manifestações, o Incra visitou a região e reuniu com o juiz da Vara de Presidente Kennedy, que se comprometeu a tomar decisão até junho.
> O juiz determinou, na ocasião, que os manifestantes liberassem a estrada que havia sido interditada.
>
> (*A Tribuna*, Vitória, 23-5-2014)

Além de um tanto confuso, o texto peca pela repetição de termos e pela fragmentação das frases, que poderiam fluir melhor com o correto uso de conectivos. Num rápido exercício de edição, podemos dar mais coesão aos parágrafos e evitar a repetição de vocábulos:

> *O ouvidor agrário regional do Instituto Nacional da Colonização e Reforma Agrária (Incra), Girley Vieira da Silva, informou que o órgão aguarda decisão da Justiça de Presidente Kennedy, que, até junho, deve decidir com quem fica a fazenda Santa Maria, objeto de disputa entre o órgão e os proprietários.*
>
> *Com relação às prisões, ele afirmou que essa situação não diz respeito ao processo de ocupação e reiterou que, apesar do acompanhamento do Incra, a responsabilidade é da Polícia Civil.*
>
> *O ouvidor ressaltou que no final de abril, logo após as primeiras manifestações, representantes do Incra visitaram a região e reuniram-se com o juiz da Vara de Presidente Kennedy, que se comprometeu a tomar decisão até junho. Na ocasião, o juiz determinou que os manifestantes liberassem a estrada que havia sido interditada.*

A edição só não conseguiu resolver o problema de informação básico do texto, que não explica quem foi preso, quando, onde e como. Mas aí já é outra história. Normalmente o trabalho do editor não tem de ir além do conteúdo oferecido pelo autor. Entretanto, numa empresa, se o editor é o responsável pela versão final de um relatório, um comunicado ou qualquer outro tipo de documento, cabe a ele apontar as inconsistências e apurar com os setores responsáveis o complemento das informações.

Resumindo, a concepção mais abrangente do trabalho de um editor de texto é aquela segundo a qual ele muda o foco do erro para a legibilidade.

Muitas vezes, para garantir a legibilidade, a clareza e a consistência de um texto, a edição ou revisão pode lançar mão de alguns recursos gráficos para apoiar o conteúdo apresentado. Um bom exemplo são os textos sobre economia, que costumam trazer muitos dados numéricos, comparações e percentuais que às vezes confundem o leitor, se não forem apresentados de forma organizada.

As notícias sobre economia são frequentes na imprensa, ainda mais em tempos de turbulência, como esses que a maioria dos países tem atravessado desde a crise financeira internacional de 2008. Entretanto, nem sempre os jornalistas dão conta de apresentar dados financeiros da forma mais acessível e compreensível.

O trecho a seguir foi tirado de uma matéria publicada em 28 de fevereiro de 2014, no caderno Economia do jornal *O Globo*. Desde então, a situação do país piorou, mas, mesmo com números defasados, vale a pena analisar o texto:

> **Melhor que o esperado**
>
> O PIB divulgado ontem trouxe boas notícias, ainda que não boas o suficiente para melhorar as expectativas para 2014. No quarto trimestre de 2013 o PIB cresceu 0,7%, mais que o dobro do 0,3% previsto pelo mercado. No ano, a expansão foi de 2,3% ante previsão de 2,2%. Mas nem tudo foram flores: a poupança caiu a apenas 13,9% do PIB, prenunciando um forte ajuste à frente.
>
> Ano passado foi o da agropecuária, que cresceu 7%, expandindo a produção de caminhões e máquinas agrícolas, transportes e armazenagem, que escoam a safra, e o comércio atacadista. A extrativa mineral foi ponto negativo: queda de 2,8%, devido ao petróleo.

> Pelo lado da demanda, o investimento se destacou, com alta de 6,3%, com expansão de 10,2% em máquinas e equipamentos. A alta de 0,3% no investimento no quarto trimestre superou as projeções de contração. A notícia ruim foi que o setor externo não contribuiu para a expansão.
> O consumo das famílias desacelerou. No ano, cresceu 2,3%, a menor alta desde 2003 e menos da metade da expansão média em 2004-12. Foi o terceiro ano seguido de queda no crescimento.
> Três fatores explicam isso. Primeiro, a piora no mercado de trabalho: em 2013 a massa salarial real subiu apenas 2,6%, contra 6,3% em 2012. Segundo, o crédito ao consumo das famílias aumentou apenas 0,3% acima da inflação em 2013, contra 2,1% em 2012. Por fim, caiu a confiança do consumidor, devido à piora do mercado de trabalho, de elevada inflação e da percepção de que haverá um tarifaço após as eleições, para corrigir os preços de gasolina e diesel e tarifas.
>
> (*O Globo*, 28-2-2014)

A quantidade de dados, números e percentuais deixa o leitor confuso, e fica difícil gravar as informações. Para um leitor de jornal, que não está obrigado a destrinchar e classificar as informações, a notícia se perde não só pelo excesso de dados apresentados e pela mistura de valores e percentuais, como pela falta de uma conclusão ou análise que organize os dados. O ideal é que a notícia viesse acompanhada de algum recurso gráfico que ajudasse o leitor a visualizar melhor a evolução dos números e as comparações propostas.

Claro que nem sempre dispomos desses recursos, seja pela falta de uma editoria especializada, seja pela falta de suporte tecnológico. Nesses casos, é preciso estar atento e distribuir as informações em parágrafos mais curtos, sempre com algum tipo de análise ou conclusão.

Nos relatórios gerenciais, é fundamental o uso desses recursos. *Softwares* básicos como o Excel, por exemplo, oferecem a possibilidade de editar as informações em gráficos de colunas, linhas ou tabelas.

Gráficos: ferramentas de comunicação

Ao folhearmos jornais, revistas, relatórios ou mesmo páginas da internet, encontramos diferentes tipos de representação gráfica usados para ilustrar ou sistematizar dados e informações sobre os mais variados assuntos do cotidiano. Nos telejornais e nas reportagens transmitidas pela televisão, os recursos tecnológicos são cada vez mais sofisticados e nos ajudam entender de forma clara e objetiva as informações transmitidas oralmente. A importância dos gráficos decorre exatamente dessa facilidade na visualização e na interpretação das informações.

> Os gráficos são ferramentas que facilitam a análise e interpretação de um conjunto de dados. Porém não podem ser usados de forma indiscriminada, e nunca dispensam um texto de apoio ou uma legenda.

Antes de analisar os diferentes tipos de organização de dados numéricos, é importante fazer uma diferença entre tabela, quadro e gráfico. Enquanto os quadros são usados para a apresentação de descrições textuais, as tabelas são recomendadas para poupar o uso de palavras e deixar as informações mais organizadas e limpas. Podem também remeter a percentuais ou estatísticas mas, dependendo da complexidade dos dados, é mais recomendável transformá-las em um gráfico, principalmente quando o objetivo é comparar informações.

Os números trazem dados exatos, porém nem sempre absolutos; ou seja, podem ter interpretações diferentes, dependendo da relação que se estabelece entre eles, assim como da ênfase ou do olhar de quem os analisa. A forma de apresentar os dados pode influenciar a percepção do leitor e, por isso, é importante entender as características dos diferentes gráficos para fazer as escolhas certas e usá-los de forma mais efetiva.

Mas, atenção: nenhum gráfico ou tabela dispensa um texto claro e explicativo. É nele que o autor da reportagem ou do relatório vai apresentar sua visão, encaminhar a leitura e orientar a análise do leitor. Num relatório gerencial, por exemplo, as justificativas e explicações que conduzem a leitura e demonstram o posicionamento da empresa devem ser explicitadas no texto do relatório, usando-se as representações gráficas para a apresentação dos números e percentuais. Já em uma reportagem ou notícia, a interpretação e a lógica da análise proposta são apresentadas no corpo da matéria.

O texto não deve, entretanto, repetir simplesmente os dados numéricos mostrados na representação gráfica. Observe um exemplo tirado de um texto comercial do HSBC Commercial Banking, publicado na revista *Exame*.[8] A matéria sobre *marketing* apresenta um panorama da economia mundial seis anos após o início da crise de 2008 e analisa os sinais de recuperação de alguns países, com poucos percentuais e números. Para demonstrar a visão institucional do banco aos investidores, ilustra o texto com uma tabela que permite a comparação entre o crescimento das maiores economias no período de 2010 a 2014.

> A expectativa pela retomada da economia
>
> [...] Recentemente o Fundo Monetário Internacional cortou a previsão de crescimento do PIB brasileiro de 1,3% para 0,3% em 2014, enquanto na zona do euro a deflação – uma realidade em alguns países do bloco – e as crescentes inquietudes geopolíticas, como as iminentes eleições na Grécia, devem aumentar o clima de incerteza na região. [...] O ano de 2015 começa, portanto, com um grande desafio para a economia global: recuperar o dinamismo, permitindo que tanto países desenvolvidos quanto emergentes retomem o crescimento de suas economias e voltem a ganhar a confiança do mercado.

---

[8] Edição 1082, ano 49, nº 2, 4-2-2015.

| Recuperação divergente ||||||
| O crescimento do PIB mostra como as sete maiores economias do mundo vêm reagindo, de formas distintas, à crise de 2008 ||||||
Países	2010	2011	2012	2013	2104[1]
Estados Unidos	2,5	1,6	2,3	2,2	2,2
China	10,4	9,3	7,7	7,7	7,4
Japão	4,7	-0,5	1,8	1,6	0,9
Alemanha	4,1	3,6	0,4	0,1	1,4
França	2,0	2,2	0,3	0,3	0,4
Reino Unido	1,9	1,6	0,7	1,7	3,2
Brasil	7,5	2,7	1,0	2,5	0,3

[1] Previsão. Fontes: Banco Mundial e Fundo Monetário Internacional

TIPOS DE GRÁFICOS

Os gráficos são usados geralmente para comparar informações qualitativas e quantitativas, podendo ainda envolver dados de tempo e espaço; por isso, existem diferentes modalidades de gráficos, cada um com uma função principal. Os mais usados são os de colunas ou barras, de setores ou de pizza e gráfico de linha.

GRÁFICO DE COLUNAS OU DE BARRAS

Um dos mais comuns, o gráfico de colunas é bastante simples, ideal para comparar números ou valores em diferentes séries, cruzando as informações entre as categorias. Em geral é usado para indicar dados quantitativos sobre diferentes variáveis, lugares ou setores, e não depende de proporções. As categorias são organizadas ao longo do eixo horizontal, e os valores ao longo do eixo vertical.

Para demonstrar esse cruzamento de informações, vamos utilizar as projeções feitas pelo IBGE no final de outubro de 2013 para a população das cidades brasileiras. Vale lembrar que a quantidade exata só é apurada a cada dez anos por meio dos censos realizados pelo instituto, sendo o último de 2010. Porém, entre os recenseamentos os dados são atualizados por meio de projeções estatísticas. Dessa lista, destacamos as dez primeiras cidades, todas capitais, para demonstrar como ficaria a informação em um gráfico de colunas.

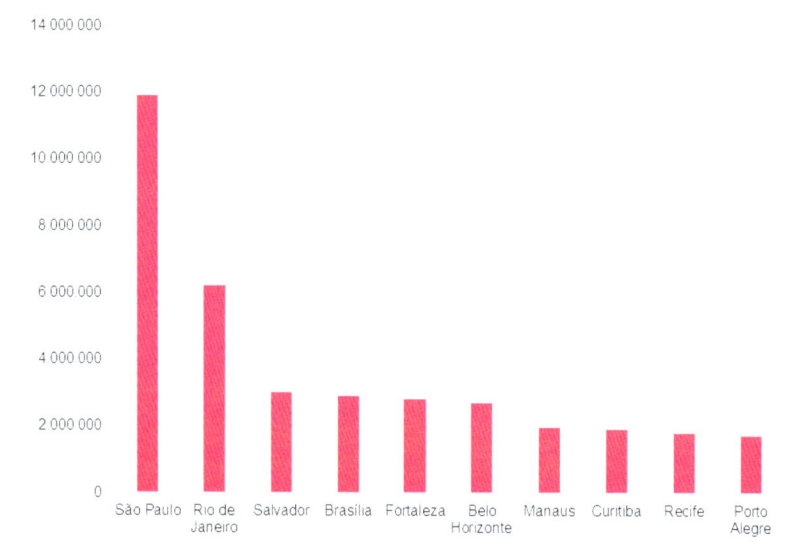

GRÁFICO DE COLUNAS: CAPITAIS MAIS POPULOSAS DO BRASIL.
Fonte: IBGE.

Os dados podem ser demonstrados também por meio de barras horizontais (gráfico de barras), seguindo a mesma lógica de construção. As barras devem ser sempre da mesma largura, e o comprimento é que varia. A barra mais longa indica maior quantidade ou tempo e, com base nela, é possível analisar a relação de um certo dado com os demais.

Uma variação do gráfico de barras é o diagrama de Gantt, muito usado no gerenciamento de projetos para elaborar cronogramas e controlar entregas. Veja o exemplo.

EDIÇÃO DE TEXTO E REDAÇÃO PROFISSIONAL

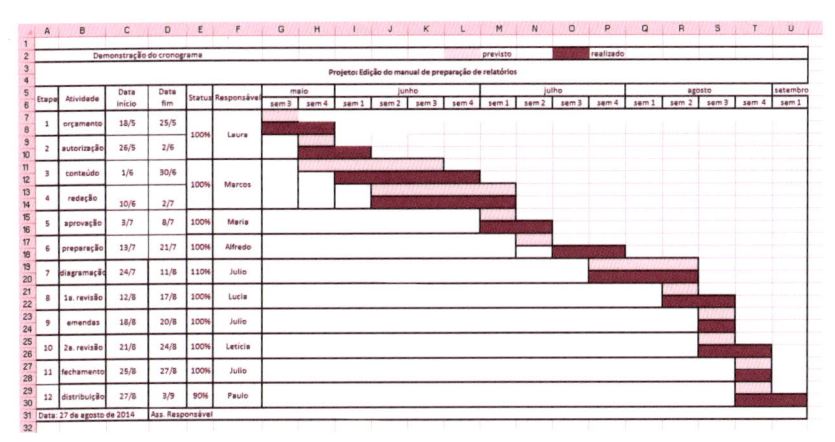

DIAGRAMA DE GANNT: PROJETO – EDIÇÃO DO MANUAL DE PREPARAÇÃO DE RELATÓRIOS.

GRÁFICO DE SETORES OU DE PIZZA

A distribuição dos dados em áreas (setores ou fatias) permite a visualização imediata e eficiente da comparação que se pretende estabelecer. Mas há algumas restrições e condições para seu uso. Por exemplo, só podem ser usados quando há apenas uma série de dados a ser comparados, e desde que todos os valores sejam positivos. Os valores devem estar em porcentagem; os setores ou as fatias serão montados levando-se em conta a proporção da área a ser representada e os percentuais. A soma desses setores, em porcentagem, deve sempre ser 100%. Ou seja, qualquer que seja o número de fatias, devemos sempre obter uma pizza inteira quando juntamos todos os pedaços.

Para demonstrar as vantagens de um gráfico de pizza na visualização de percentuais, vamos analisar alguns dados do "Balanço de inscrições do Enem 2014", disponível em PDF no portal portal.mec.gov.br. Tomemos, por exemplo, o perfil dos inscritos por faixa etária, apresentado no relatório em números absolutos, conforme a tabela a seguir.

Idade	Quantidade
Menos de 16	499.515
Igual a 16	903.858
Igual a 17	1.191.161
Igual a 18	916.238
Igual a 19	714.214
Igual a 20	561.219
De 21 a 30	2.587.739
Mais de 30	1.348.002
Total	8.721.946

Vejamos como ficaria esse perfil, transformando-se em percentual a concentração de candidatos por idade:

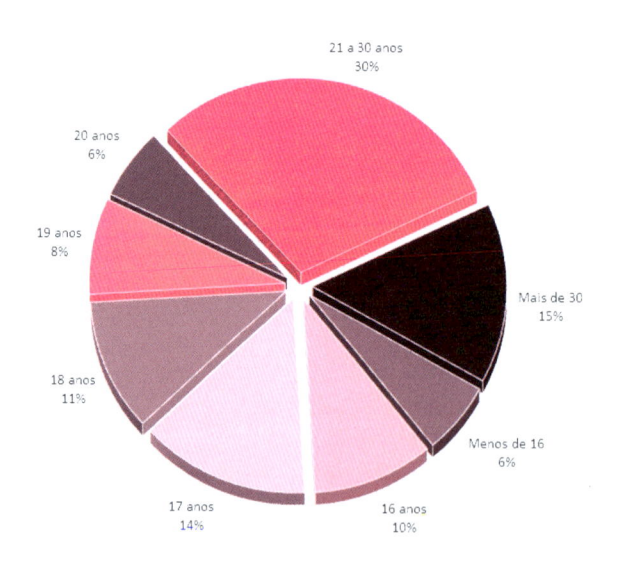

GRÁFICO DE PIZZA: PERCENTUAL DE INSCRITOS POR FAIXA ETÁRIA.

Analisando a distribuição percentual por idades, vemos que a soma das faixas de 17 e 18 anos representa 25% do total de inscritos. Já os que têm mais de 21 anos e menos de 30 somam 30%, e o número de inscritos acima de 30 anos representa 15% do total. O gráfico de pizza permite identificar de modo mais imediato a participação por idades e concluir que quase metade dos inscritos (45%) são adultos que buscam no Enem uma oportunidade de progressão pessoal e profissional.

GRÁFICOS DE LINHA

Os gráficos de linha são usados para exibir a evolução de dados contínuos ao longo do tempo; por isso, são o melhor recurso para mostrar tendências e evolução em intervalos regulares. Esse é o recurso ideal para exibir tendências considerando um determinado período de tempo, ou para organizar determinadas categorias de acordo com sua importância ou prevalência.

Nesse tipo de gráfico, os dados de categorias são distribuídos uniformemente ao longo do eixo horizontal, enquanto os dados de valores são distribuídos ao longo do eixo vertical. A linha traçada entre eles – que pode ser ascendente ou descendente, constante ou com vários altos e baixos – mostra o percurso de um determinado fenômeno.

É muito usado em pesquisas, como as eleitorais, por exemplo, e na demonstração do comportamento de dados durante um tempo definido.

No exemplo a seguir, o gráfico foi usado para demonstrar o comportamento das taxas anuais de desmatamento na Amazônia Legal, desde 1988, segundo dados do Instituto Nacional de Pesquisas Espaciais (INPE), que usa satélites para monitorar a região.

A oscilação fica bastante evidente (e animadora) quando a demonstração permite comparar de modo imediato o fenômeno analisado.

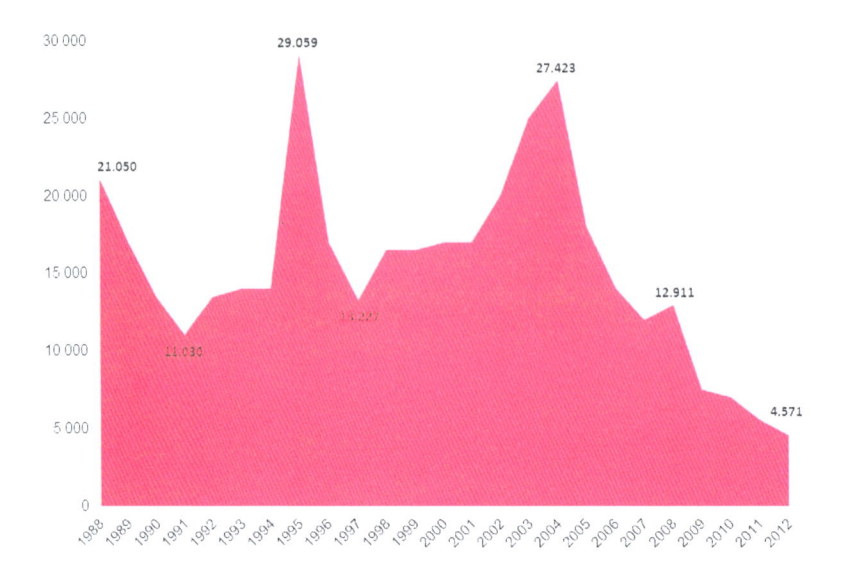

GRÁFICO DE LINHA: VEJA O DESMATAMENTO DA AMAZÔNIA AO LONGO DO TEMPO.

Recomendações finais

Além da edição do texto e da utilização dos recursos gráficos mais adequados à apresentação de dados em textos e relatórios empresariais, existem ainda alguns cuidados que devem ser observados para elaborar um trabalho de qualidade. Aí vão algumas dicas que certamente farão a diferença. Veja o que pode ser útil em seu universo profissional.

CUIDADOS COM O ESTILO

» Seja claro e objetivo, sempre. Adote essa atitude em qualquer circunstância. Lembre-se de que elegância não combina com exageros e firulas. Busque a simplicidade; o leitor mais exigente reconhece esse valor.

» Fuja dos modismos e dos lugares-comuns. Eles banalizam o texto.

- » Procure sempre uma adequação ao universo de seus leitores.
- » Jamais escreva o que você não diria; procure ser natural na escrita.
- » Adote como regra a ordem direta. Evite os contorcionismos verbais.
- » Não use gírias ou expressões vulgares em textos profissionais.
- » Atenção ao encadeamento dos parágrafos. Se eles forem construídos dentro de uma boa lógica textual, não há necessidade de expressões como *enquanto isso, ao mesmo tempo, não obstante*, etc.

RIGOR EM RELAÇÃO AO CONTEÚDO

- » Não abuse de termos técnicos. Se forem imprescindíveis, coloque a explicação entre parênteses, ou "traduza" naturalmente a expressão.
- » Cheque sempre a fonte e a veracidade das informações. Nunca dispense uma apuração rigorosa de fatos, dados e informações.
- » Todas as figuras devem ter uma legenda que garanta ao leitor a compreensão do que está sendo apresentado.
- » Confira com rigor o nome, os cargos e as informações sobre as pessoas citadas no texto.
- » Procure sempre situar o leitor em relação ao que está sendo apresentado.
- » Nunca cite uma personalidade sem indicar, minimamente, de quem se trata. Por exemplo: "David Cameron, primeiro ministro da Inglaterra"; "*Asas do desejo* é um dos destaques na filmografia de Win Wenders, cineasta alemão".
- » Sempre que possível, cite a fonte das informações que estão sendo divulgadas.

REGRAS BÁSICAS DE NORMALIZAÇÃO

- » Procure, sempre, colocar o cargo ocupado antes do nome. Exemplo: o ex-presidente Fernando Henrique Cardoso; a primeira-ministra da Alemanha, Angela Merkel.

» As abreviaturas dividem-se em circunstanciais e tradicionais. As circunstanciais são aquelas que variam de obra para obra, de acordo com os padrões editoriais adotados pela empresa ou pelo veículo de comunicação. Em geral são usadas de acordo com a frequência de determinados vocábulos. Por exemplo: sing. (singular); pág. (página); nº (número); av. (avenida). Já as tradicionais são as de uso social ou profissional. Exemplos: Ilmo. (Ilustríssimo), Exmo. (Excelentíssimo), Dr. (doutor); etc. (e outras coisas); *et. al* ou *et alii* (e outros). Quando for conveniente criar alguma abreviatura, não se esqueça de indicar a palavra por extenso na primeira vez em que a abreviatura for usada, ou de criar uma lista de abreviaturas. O mesmo vale para as siglas.

» Siglas são reduções de nomes e têm regras próprias de grafia. Quando são pronunciáveis, grafam-se como um nome próprio, apenas com a inicial maiúscula: Incra (Instituto Nacional de Colonização e Reforma Agrária); *Cacex* (Carteira de Comércio Exterior do Banco do Brasil S.A.); Petrobras (Petróleo Brasileiro S.A.). Quando são formadas pela sequência das iniciais, sem formar um nome pronunciável, todas as letras devem ser grafadas em maiúscula: PMDB (Partido do Movimento Democrático Brasileiro); CNC (Confederação Nacional do Comércio); DTVM (Distribuidora de Títulos e Valores Mobiliários). A norma-padrão recomenda o uso do ponto entre as letras, mas na prática isso não ocorre. De qualquer forma, como regra geral, toda sigla deve ser acompanhada do nome por extenso na primeira vez em que for empregada.

» A forma de grafar os números (por extenso ou em numeral) pode variar de acordo com os padrões adotados pela editora ou pelo manual de estilo do veículo de comunicação. Então o importante é observar a coerência ao longo do texto, para que não sejam usados aleatoriamente as duas grafias. Mas existe uma regra de ouro: não se inicia uma frase com algarismo: "Dezoito pessoas ficaram feridas no acidente entre um ônibus e um caminhão na rodovia dos

Imigrantes". Para facilitar a leitura, prefira a forma mista na grafia de mil, milhão e bilhão: "mais de 2 mil pessoas foram às ruas protestar"; "o prejuízo acumulado é de 5 milhões de reais".

» Em tabelas, gráficos e relatórios econômicos, os números que expressam grandeza, valor ou medida devem ser grafados sempre em algarismos. Os horários também são grafados em algarismos.

» Ao fazer citações, lembre-se de que a forma recomendada para caracterizar as que ultrapassem três linhas completas é usar um afastamento da margem esquerda da página. Esse recurso dispensa o uso de aspas para abrir e fechar o trecho citado. Citações mais curtas podem ser inseridas no próprio parágrafo e destacadas por aspas duplas. Quando dentro de uma citação transcrita entre aspas duplas há uma segunda citação, esta deve ser destacada por meio de aspas simples.

» Toda nota ao texto – esteja no rodapé ou no final do livro ou do capítulo – deve ser claramente indicada.

» As referências bibliográficas devem seguir as normas da Associação Brasileira de Normas Técnicas (ABNT), a menos que a empresa adote um sistema próprio de referências.

Essas dicas, recomendações e observações poderiam se estender indefinidamente e tornar-se um outro livro. Como não é essa a ideia, vamos ficar por aqui, recomendando mais uma vez que, em caso de dúvida, você consulte os ótimos manuais de estilo e redação publicados pelos grandes jornais e, em sua maioria, disponíveis *on-line*.

Ao longo deste livro, procuramos apresentar as orientações básicas para uma boa redação segundo a perspectiva das competências avaliadas pelo Enem, treinando o olhar crítico a partir da edição de textos jornalísticos – e, neste último capítulo, reforçamos alguns aspectos básicos da edição de textos. Tudo para ajudar você a aprimorar sua redação, seja com o objetivo de participar de um exame ou concurso, seja para elaborar textos pessoais ou profissionais com mais facilidade e qualidade.

Esperamos que você possa recorrer sempre a este manual, e que ele o ajude em muitas conquistas.

Boa sorte!

Bibliografia

AZEVEDO, Francisco Ferreira dos Santos. *Dicionário analógico da língua portuguesa*. 2ª ed. Rio de Janeiro: Lexikon Editora Digital, 2010.

BARBOSA, Lara Patty Rodrigues Barbosa. *A escrita nos processos seletivos – ENEM*. Monografia. Brasília: UnB, 2014. Disponível em http://bdm.unb.br/bitstream/10483/8985/1/2014_LaraPattyRodriguesBarbosa.pdf. Acesso em 15-3-2015.

BERNARDO, Gustav. *Redação inquieta*. 3ª ed. Rio de Janeiro: Globo, 1988.

CARROLL, Lewis. *Aventuras de Alice no país das maravilhas; através do espelho e o que Alice encontrou lá e outros textos*. São Paulo: Summus, 1980.

CUNHA, Celso & CINTRA, Lindley. *Nova gramática do português contemporâneo*. 2ª ed. Rio de Janeiro: Nova Fronteira, 1991.

FERREIRA, Aurélio Buarque de Holanda. *Dicionário Aurélio da língua portuguesa*. 5ª ed. Curitiba: Positivo, 2010.

GARCIA, Luiz (org.). *O Globo: manual de redação e estilo*. 18ª ed. São Paulo: Globo, 1993.

GARCIA, Othon M. *Comunicação em prosa moderna*. 14ª ed. Rio de Janeiro: FGV, 1988.

GUIA DE ORIENTAÇÃO PARA elaboração de solicitação de aquisição. Instituto Federal de Educação, Ciência e Tecnologia de Goiás. Disponível em http://www.ifg.edu.br/proad/images/donwloads/aquisicao/guia_elaboracao_de%20solicitacao_aquisicao.pdf. Acesso em 15-3-2015.

KURY, Adriano da Gama. *Português básico*. 15ª ed. Rio de Janeiro: Nova Fronteira, 1990.

MARTINS, Eduardo (org.). *O Estado de S. Paulo: manual de redação e estilo*. São Paulo: O Estado de S. Paulo, 1990.

PRONOME SEU. Em *Exame*, edição 1072, ano 48, nº 16, 3-9-2014.

REDAÇÃO DO EXAME avalia cinco competências. Disponível em http://www.universitario.com.br/noticias/n.php?i=5038. Acesso em 20-2-2015.

RODRIGUES, Sérgio. "Escrever, cortar, escrever: a concisão e a clareza." Em blog Todoprosa. Disponível em http://todoprosa.com.br/escrever-cortar-escrever-a-concisao-e-a-clareza-2. Acesso em 11-7-2014.

VIANA, Chico. "Sobre a unidade do parágrafo." Em blog Na ponta do lápis – dicas de redação. Disponível em http://revistalingua.uol.com.br/textos/blog-ponta/sobre-a-unidade-do-paragrafo-311046-1.asp. Acesso em 3-3-2015.

YAMAZAKI Cristina. *Editor de texto: quem é e o que faz?* Em XXX Congresso Brasileiro de Ciências da Comunicação, Santos, Intercom – Sociedade Brasileira de Estudos Interdisciplinares da Comunicação, 29 de ago. a 2 de set. de 2007. Disponível em http://www.intercom.org.br/papers/nacionais/2007/resumos/r1153-1.pdf. Acesso em 14-4-2015.

PORTAIS
mec.gov.br
inep.gov.br

*Este livro foi composto com as fontes Minion e HouseGothic,
impresso em papel offset 90g/m² no miolo e cartão supremo 250g/m² na capa.*